ゼロから始める
ラクロス

大久保宜浩　監修

地上最速の格闘球技

時速170キロにもおよぶシュート、激しいボディコンタクト。
手に汗握るプレーが、目まぐるしく展開される

男子ラクロスとは異なりボディコンタクトは禁じられているが、
その分、スピード感あふれるプレーやテクニックで、見る者を魅了する

華麗に魅せる

世界へ

2009年の世界大会で女子は7位、
2010年の世界大会で男子は4位
という成績を収めている。
今後も、さらなる飛躍が期待される

まえがき

ラクロスというスポーツは海外では200年近い歴史がありますが、日本に広がり始めたのはわずか25年ほど前のことです。

日本国内の競技人口も年々増加してはいますが、現在男女合わせても2万人弱。知名度は増してきたものの、実際に試合を見たことがある人でさえ非常に少ないというのが、日本のラクロスの現状です。

本書では、ラクロスという競技がどういうスポーツなのかという概要から、実際にプレイする際、どのようにしたら上達できるのかまでを初歩からわかりやすく解説していきます。

ラクロスは男女でルールが異なるという特徴を持っています。男子はヘルメットや防具を装着し、ボディコンタクトが許されています。大変激しく、空中のアイスホッケーとも呼ばれています。一方、女子は、防具類は装着せず、ボディコンタクトも禁止されていますが、こちらも非常に激しいスポーツです。 用具やグランドサイズも違うため、同じスポーツでありながら、男女でこれだけルールが違うスポーツは非常にめずらしいと言えます。そのため本書では、男子パートと女子パートに分けて解説しました。

本場アメリカでも、急速に競技人口が増え続けているラクロスは、その用具も年々進化しており、それに合わせてルールも常に変化しています。変化の激しいラクロスを解説するにあたり、本書ではあまり細かい部分に焦点を当てず、ボールスポーツとして必要な技術や戦術に重点を置きました。何年後かにこの本を読んでも色あせず、役に立つ本にしたかったというのがその狙いです。初心者向けに解説している本ですが、本当に必要な項目にこだわった結果、経験者や上級者にとっても参考になる本にできたと感じています。

まだまだ発展途上のスポーツであるラクロスですが、少しでも多くの人にラクロスを知ってもらい、楽しんでプレイしてもらえることを願っています。

大久保宜浩

本書の見方

本書では、連続写真でプレーを紹介するほかに別枠を設けて重要なポイントを解説している。ここで読み方を確認し、本書を有効利用してほしい

各プレーの名称

BASIC

各プレーに対しての基本の動きを紹介（男女共通）

STEP UP!

さらにプレーを上達させるためのポイントを解説（男女共通）

CHECK!

写真の中で、重要なポイントをクローズアップして解説

ADVICE

プレーをするうえで意識してもらいたいポイントを説明

MEN'S & WOMEN'S

男子と女子でプレーの動き方が異なる部分を、男子パートと女子パートに分けて解説

SCENE 3

ホールド

相手が自分の間合いに入ってきた時に、体であたり、相手の動きをコントロールするプレーをホールドという。体全体を使い、相手を抑えこむ

MEN'S テク 1 ヒジを使う—Vホールド

重心を下げ、右ヒジをうまく使いながら相手の前進をさまたげる。

CHECK!

Vホールドの構え。右ヒジがVの形になることから、Vホールドと呼ばれる。低い体勢をとりながら体全体を使う。

BC ボールキャリア DF ディフェンス

MEN'S テク 2 力でおさえる—フロントホールド

Vホールド同様、重心を下げ、体全体を使っておさえる。

CHECK!

この時、しっかりとグローブでおさえること。スティックでおさえるとファウルとなる。

74

WOMEN'S テク ホールドの基本姿勢

相手をホールドする時、トップハンドとボトムハンド両方を使っておさえにいくのではなく、ボトムハンドを中心に相手をおさえる。その際、トップハンドはホールド後の動きに対応すべく、スティックを自由に動かすことができるようにする。

BC ボールキャリア DF ディフェンス

ADVICE

ホールド=ディフェンスではない!

ホールドをしにいくと、足が止まりやすく、さらには両腕を使うことになるので、ボールを捕る機会が減ってしまう。また、ホールドをしにいこうとしすぎて重心を崩し、敵に抜かれる場合もある。ディフェンスの基本はあくまでも自分の間合いを保ち、自分のディフェンススペースを守りながら相手オフェンスにプレッシャーをかけることである。

相手のどの動きにも対応できるよう、間合いを大切にする

第2章 試合中のテクニックを身につけよう!▼ディフェンスの動き方①【ホールド】

DEFENSE SIDE

75

スティックの扱い方④

キャッチ

ラクロスではパスを多用するため、当然ボールを捕る技術が要求される。まずはきちんとボールを捕ることができるように練習をしよう

BASIC ボールを捕る

パスを受け取る基本のポイントは、ヘッドの面をまっすぐ相手に向けることだ。ボールをキャッチしたあとは、ボールがヘッドの中で安定するように小さくクレードルを入れる。

CHECK!

パスをするのか、シュートをするのか、突破を試みるのか、パスを受けると同時に即座に次のプレーに移れるようにしよう。

1 正面に構える 2 捕った瞬間にスティックをひねる（小さくクレードル） 3 再び構える

NG Play

ヘッドを引きすぎてしまう

ボールを捕る時、ボールの勢いを吸収するためにヘッドを引きすぎると、次の動作に移るための構えに戻る動きが必要な分、行動がワンテンポ遅れてしまう。理想は、捕った瞬間に次の行動に移ること。スムーズな攻撃を展開するためにも、ムダな動きは極力省こう。

MEN'S 次のプレーを意識しながらボールを捕る

キャッチの際は、次に自分がどんな行動をとるべきかをキャッチする前に判断する。女子にくらべてヘッドが深い分ボールが安定しやすいので、不必要な動作は極力省き、すばやく攻撃を展開できるようにしよう。

1 正面に構える 2 キャッチする 3 次の動作に移る

PRACTICE

女子スティックで練習する

普段の練習時に、女子スティックでキャッチ練習を行なうのも効果的だ。女子用のヘッドは男子用とくらべて浅いので、ボールを捕った瞬間にボールを安定させる技術が必要になる。そのため、ヘッドの深さに頼らない技術を身につけることができる。

第1章 スティックの扱い方を覚えよう!▼キャッチ

31

NG Play

誤ったプレー内容を解説

PRACTICE

今日からできる練習方法を紹介

CONTENTS

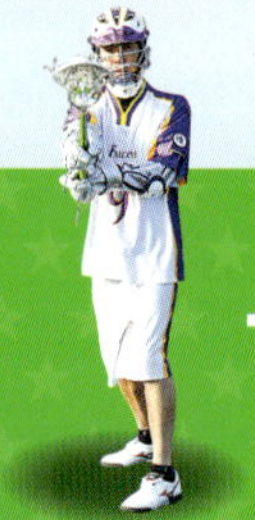

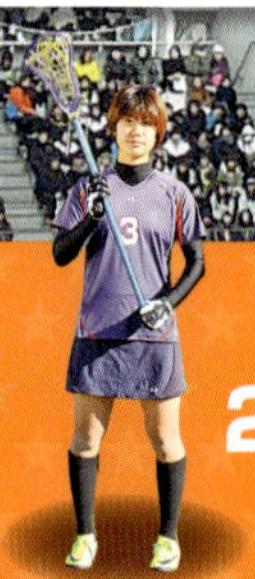

第２章

試合中のテクニックを身につけよう!

CONTENTS

第３章

ポジション別の動き方を把握しよう！

第４章

ラクロスのルール

序章

ラクロスって
どんなスポーツ？

スティックという道具を使い、ボールをゴールまで運ぶ。
それがラクロスというスポーツだ。
日本一を目指し、全国各地で
激しい試合が繰り広げられている

全日本ラクロス大学選手権大会
KONICA MINOLTA
NLCC 全日本ラクロス大学選手権大会
KONICA MINOLTA
KONICA MINOLTA
KONICA MINOLTA

INTRODUCTION

ラクロスってどんなスポーツ？

ラクロスの歴史

ラクロスは、もともと北米のインディアンたちが狩りに必要な体力や忍耐力、勇気を身につけるために行なったゲームだった。17世紀半ばにフランス人の開拓者が入植した際、彼らの使っていた道具が笏杖《しゃくじょう》（la cross）に似ていたことから、このゲームがラクロスと呼ばれるようになった。その後1867年にカナダで国技とされると、アメリカ、イギリス、オーストラリアなど各国に普及していった。日本に伝わったのは、1986年のことだった。

現在、世界の競技人口はおよそ60万人ほどである。

クロスと呼ばれるスティックを使い、ボールをゴールまで運ぶゲームがラクロスだ。もともとインディアンの格闘技だったスポーツが発展し、ラクロスとして世界各国で行なわれるようになった

大学スポーツとして盛んに

日本では、おもに大学生を中心に盛んに行なわれており、現在、全国161の大学に部が置かれている。

また大学生以外でも社会人、中高生、小学生（ソフトラクロス）がラクロスを楽しむような環境が整えられるなど、確実にその裾野を広げている。

しかしまだマイナースポーツであることは否めず、今後の一層の普及が望まれる。

男子ラクロスの魅力はその迫力にある

スピード感とテクニックの応酬が見どころ

世界大会と日本

国際ラクロス連盟に加盟している国では４年に１度、ラクロスの世界選手権が開催されている。

日本の女子ラクロスは、2009年に行なわれた第８回大会では16カ国中７位という成績を収めた。また男子ラクロスは、2010年の第11回大会で30カ国中４位という好成績を収めている。日本でのラクロスの歴史は浅いが、確実に世界で通用するレベルへと成長を続けている。

INTRODUCTION

日本一への道のり

クラブチームの圧倒的強さ

ラクロス日本一の座を決める全日本選手権には、大学選手権の上位２チームとクラブ選手権の上位２チームが出場することができる。試合はトーナメント方式で行なわれ、勝ち抜いたチームが優勝となる。

男子はクラブチームが13連覇中、女子もクラブチームが16連覇中であり、学生は劣勢を強いられている現状だ。

日本一への道のり

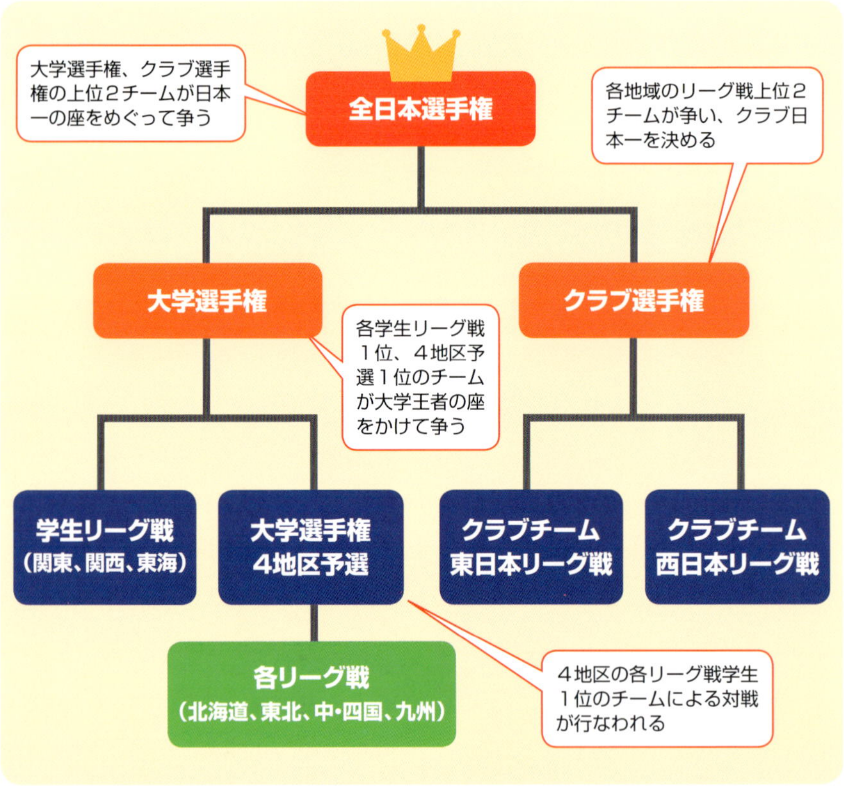

大学選手権、クラブ選手権の上位2チームが日本一の座をめぐって争う
全日本選手権
各地域のリーグ戦上位2チームが争い、クラブ日本一を決める
大学選手権
クラブ選手権
各学生リーグ戦1位、４地区予選1位のチームが大学王者の座をかけて争う
学生リーグ戦（関東、関西、東海）
大学選手権4地区予選
クラブチーム東日本リーグ戦
クラブチーム西日本リーグ戦
各リーグ戦（北海道、東北、中・四国、九州）
４地区の各リーグ戦学生1位のチームによる対戦が行なわれる

現在各地域で学生リーグ戦が、そして東・西日本でクラブチームのリーグ戦が行なわれている。全日本選手権では、学生チームとクラブチームの勝ち上がりチームが日本一の座をめぐって争う

学生日本一への険しい道のり

大学選手権に出場するためには、まず学生リーグ戦、及び各リーグ戦で勝ち抜かなければならない。現在リーグ戦は、北海道、東北、関東、東海、関西、中・四国、九州地区で行なわれており、全国で男子は107、女子は161の学校が参加している。なかでも関東と関西、東海は激戦区で、関東は男子が３部制、女子が４部制、関西は男女ともに３部制、東海は女子が２部制となっており、優勝への道のりは険しい。

全国で白熱する学生リーグ戦

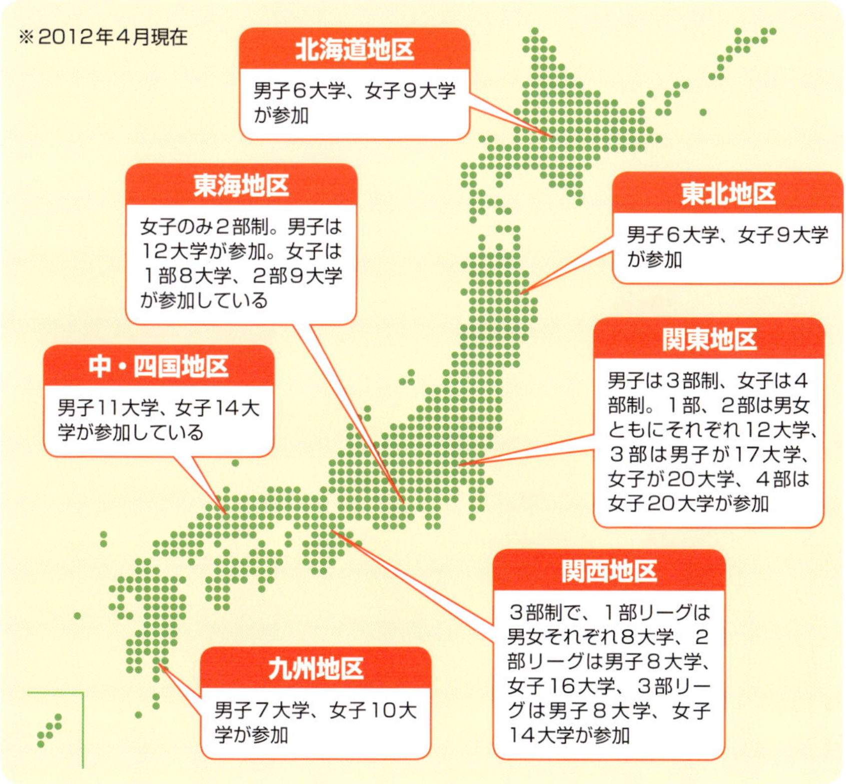
※2012年4月現在
北海道地区
男子６大学、女子９大学が参加
東北地区
男子６大学、女子９大学が参加
東海地区
女子のみ２部制。男子は12大学が参加。女子は１部８大学、２部９大学が参加している
関東地区
男子は３部制、女子は４部制。１部、２部は男女ともにそれぞれ12大学、３部は男子が17大学、女子が20大学、４部は女子20大学が参加
中・四国地区
男子11大学、女子14大学が参加している
関西地区
３部制で、１部リーグは男女それぞれ８大学、２部リーグは男子８大学、女子16大学、３部リーグは男子８大学、女子14大学が参加
九州地区
男子７大学、女子10大学が参加

第1章

スティックの扱い方を覚えよう!

ラクロスのプレーの基本は、
スティックの扱い方にある。
まずはスティックの扱い方をしっかりと身につけよう!

スティックの扱い方①

スティックの持ち方

BASIC 強く握りすぎない

スティックの持ち方の基本は、スティックを強く握り過ぎないよう、柔らかく持つことだ。持つというよりも、手のひらに乗せるというイメージを持ってほしい。

どこに動かした時もスティックのヘッド面が正面を向くようにして持つ

力を入れ過ぎると、自然と脇が締まりスティックを自在に扱えなくなる。手首とヒジを自由に使うことができるよう、脇をあけて持つ

CHECK!

ぐっと力を入れて握るのではなく、手のひらに乗せる感じで持つ。

CHECK!

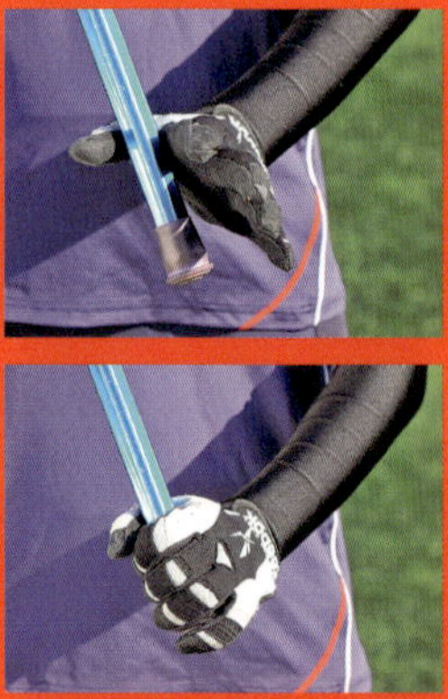

ボトムハンドもトップハンドと同様に軽く握る。

ラクロスで欠かせない道具であるスティック。スティックの持ち方は基本中の基本だが、一番重要な部分でもある。まずは基本をしっかりと身につけよう

NG Play

スティックを強く握る

スティックを強く握りすぎると、腕全体を使ってスティックを動かすことになり、大きな動作をしなければならなくなる。また、ヘッドの面も一緒に動いてしまうので、キャッチミスを併発する可能性が高くなる。

スティックを握った状態で面を見せようとすると、脇が締まり、スティックを動かしづらくなる

スティックを握り過ぎると、スティックを動かした時にヘッドの面ごと動いてしまい、ヘッドが正面を向かなくなる

PRACTICE

壁に手をつき、ヒジ、手首の使い方を覚える

感覚がなかなかつかめないという人にやってもらいたいのが、壁に手をついてもたれかかる方法だ。胸のあたりに手を構え、その状態で壁に手をついてみよう。すると脇が開いた形になるはずだ。この体勢が腕、ヒジ、手首を一番自由に動かすことができる状態だ。この体勢のままスティックを持ってみよう。

壁に手をついた時の感覚を身につけよう

クレードル

BASIC 手の中でスティックを回す

クレードルのコツは、手首を使い、スティックを手のひらで回転させることだ。腕でスティックを回転させると、その分大きな動きになり、時間のロスとなる。なるべく小さな動きで、すばやくボールを安定させられるよう練習しよう。

1 スティックを軽く握る

手のひらでスティックを回転するイメージ

2 スティックをゆらす（回す）

スティックを強く握ってクレードルをすると、腕を大きく動かさなければならない。腕でスティックを動かすのではなく、手のひらの中でスティックを回転させるようにしよう。そうすれば最小限の動きで、ボールを安定させることができる

3 ボールを安定させる

ADVICE

必要以上のクレードルをしない

クレードルは、ボールを捕ってから投げるまでの間にボールを落とさないためにするつなぎの動作で、大変重要な動きだ。しかし、ボールが安定している状態で必要以上のクレードルを行なうと、動きに無駄が出ると同時に、ボールを投げるタイミングを逸し、テンポのよい攻撃ができなくなる。いかに次の動作までの時間を短縮できるかを常に意識してほしい。

スティックのヘッドを回すことで生まれる遠心力で、ボールをヘッドの中に安定させる動作をクレードルという。これはボールを捕ってから投げるまでのつなぎの動作だ

STEP UP! どの位置でもクレードルをできるようにする

クレードルの基本動作を覚えたあとは、どの位置でもクレードルをできるように練習しよう。ボールを捕ったその場で安定させることができれば、時間の短縮にもなり、次の動作へスムーズに移行することができる。

横（スティックサイド）

どこにボールが飛んできても対応できるよう、色々な位置でクレードルの練習をしよう

上（バックサイド）

下（スティックサイド）

下（バックサイド）

スロー

BASIC スローの基本動作

スローで大切なことは、ディフェンスが対応する前にボールをまっすぐ正確に、すばやく投げることである。小さな動作で、正確なスローができるよう練習を繰り返そう。

CHECK!

この時、手首がまっすぐだと手首が使えないため、強いボールを投げることができない。

パスの方向を相手ディフェンスに読まれないように注意

1 パスをする方向を確認する（振りかぶる）

2 前に体重を移動させる（まっすぐ足を踏み出す）

試合の主導権を握る「すばやい攻撃」を展開するためにはパスをつなぐことが重要となる。状況に応じて正確なパスを出すことができるよう、基本の動作をしっかりと覚えよう

ADVICE

ボトムハンドを支点として、スティックを振る。100パーセントの力をヘッドに伝えるために、なるべく支点を動かさない意識を持つ。

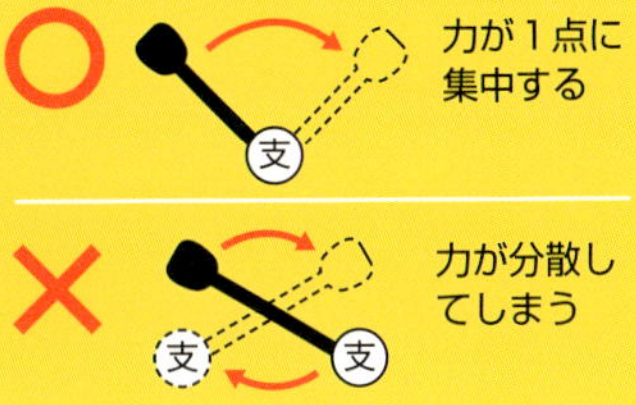

100パーセントの力をスティックヘッドに伝えるため、投げる寸前までタメを効かせる。この状態でもスティックヘッドが後ろに残るようにする

手首を使ってスティックヘッドをしっかりと振る

3 スティックヘッドをしっかり振る

4 フォロースルー

PRACTICE

スティックでたたくイメージを持つ

スローは、投げる動作よりもたたく動作に近いものがある。たとえば野球でバットを振る、バレーボールでスパイクを打つようなイメージだ。スローがなかなかうまくできないという人は、素手でたたく練習をしてみよう。この時腕はまっすぐ縦に振り下ろし、ヒジと手首の動き方を意識しよう。この動きが、そのままスローの動きに直結する。

NG Play

肩投げ

手首を使わずに肩だけで投げてしまっている。より強いボールを投げるためにも手首の使い方をしっかり覚えよう。

止め投げ

振り下ろしたあと、左手が脇の下にきている。右手の動きと左手の動きがバラバラで力が分散してしまうため、強いボールを投げることができない。

MEN'S

縦にまっすぐ振り抜く

スローの基本は、女子同様、スティックをまっすぐ縦に振り抜くことだ。その際、ヘッドの面が相手に対してまっすぐ向いているかということを投げ終わる瞬間までしっかり意識しよう。男子の場合は、ヘッドが深い分、ボールの出が遅くなる。そのためつい振りかぶり過ぎてしまうが、できるだけコンパクトな動作を心がけ、無駄な動きを少なくしよう。

1 パスを出す相手、投げる方向を見据える

2 まっすぐ振り抜く

この時、ヘッドの面が正面を向くよう意識する

NG Play

振りかぶり過ぎる

相手ディフェンスからのチェックを受けやすくなる。また、パス離れが遅くなる。

ヘッドの面が傾いている

ボールコントロールができず、正確なスローができない。

■■スティックの扱い方④

キャッチ

BASIC ボールを捕る

パスを受け取る基本のポイントは、ヘッドの面をまっすぐ相手に向けることだ。ボールをキャッチしたあとは、ボールがヘッドの中で安定するように小さくクレードルを入れる。

CHECK!

パスをするのか、シュートをするのか、突破を試みるのか、パスを受けると同時に即座に次のプレーに移れるようにしよう。

1 正面に構える

2 捕った瞬間にスティックをひねる（小さくクレードル）

3 再び構える

NG Play

ヘッドを引きすぎてしまう

ボールを捕る時、ボールの勢いを吸収するためにヘッドを引きすぎると、次の動作に移るための構えに戻る動きが必要な分、行動がワンテンポ遅れてしまう。理想は、捕った瞬間に次の行動に移ること。スムーズな攻撃を展開するためにも、ムダな動きは極力省こう。

ラクロスではパスを多用するため、当然ボールを捕る技術が要求される。まずはきちんとボールを捕ることができるように練習をしよう

MEN'S 次のプレーを意識しながらボールを捕る

キャッチの際は、次に自分がどんな行動をとるべきかをキャッチする前に判断する。女子にくらべてヘッドが深い分ボールが安定しやすいので、不必要な動作は極力省き、すばやく攻撃を展開できるようにしよう。

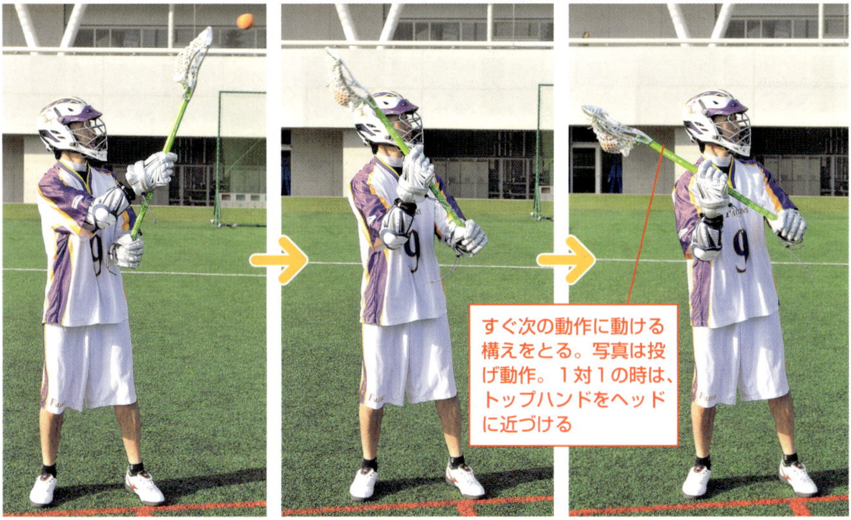

1 正面に構える　**2** キャッチする　**3** 次の動作に移る

PRACTICE

女子スティックで練習する

普段の練習時に、女子スティックでキャッチ練習を行なうのも効果的だ。女子用のヘッドは男子用とくらべて浅いので、ボールを捕った瞬間にボールを安定させる技術が必要になる。そのため、ヘッドの深さに頼らない技術を身につけることができる。

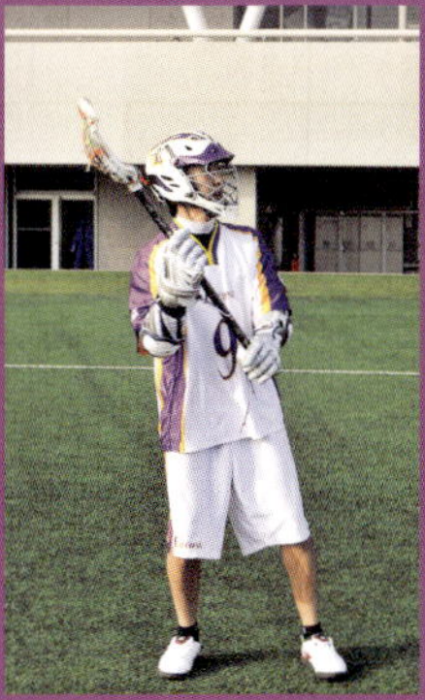

BASIC ボールをなるべく前でさばく

ボールをキャッチする際は、やや前目で処理するという意識を持とう。ボールを前目で処理することで、悪球がきた時も体勢が大きく崩れることがないので、次のプレーに移りやすくなる。無駄な動きをできるだけ少なくし、最小限の動きでプレーをしよう。

〈前目で処理する〉

ボールが飛んでくる方向
CHECK!
前目でボールを処理することで、どの方向にボールが飛んできても、体勢が立て直しやすく、次のプレーに移りやすい。

NG Play

体の近くでボールを処理

体の近くでボールを処理しようとすると、スティックごと動かさざるを得なくなり、どうしても大きな動作になってしまう。基本体勢に戻り、攻撃を展開しようとしても、ワンテンポ遅れてしまう。

ADVICE

スティックを胸の位置で構える

試合の時、ねらった方向にボールがいくとは限らない。そのため、パスの受け手はどの方向にパスがきても対応できるように構える必要がある。

たとえば基本体勢で構えている時に逆サイドにボールが来たら、スティックを大きく動かす必要があり、パスを捕り損ねてしまう可能性も出てくる。このように、どの方向にボールがくるのかがわからない時は、スティックヘッドを体の中心で構えるのもひとつの方法。こうすることでどの方角にもヘッドを最短距離で出せるようになる。

ヘッドの根元近くを持つ。柔軟に動かすことができるよう強くは握らない

スティックの扱い方⑤

持ち替え

BASIC 小さな動きで持ち替える

スティックを持ち替える時、もたもたしていては相手ディフェンスにボールを奪われてしまう。持ち替えのポイントは、すばやく、小さな動きで行なうことだ。

1 トップハンドの手のひらでスティックを回転させ、逆サイドに持っていく

2 下の手で、ヘッド近くを持ちにいく

3 基本体勢へ

CHECK

ADVICE

スティックの動きを最小限に

右側にスティックを構えていて、右からディフェンスがプレッシャーをかけてきた時、左側に持ち替えてパスを出すことでそれを避けることができる。しかし持ち替え時に動作が大きく、時間をかけていると、当然ディフェンスにボールを奪われる可能性が高くなる。それを防ぐためにも、持ち替えはできるだけ最小限の動きで短時間に行なえるようにしよう。

左右の手を同じように使うことができれば、プレーの幅はもっと広がる。左右どちらの構えでもプレーができるように練習をしよう

CHECK スティックを振りすぎない

男子の場合、ドライブの際にスティックをサイドに構える選手が多い。そうすると持ち替えの動作が大きくなり、時間をロスしてしまう。持ち替える時はスティックを倒しすぎないように、コンパクトに振ろう。

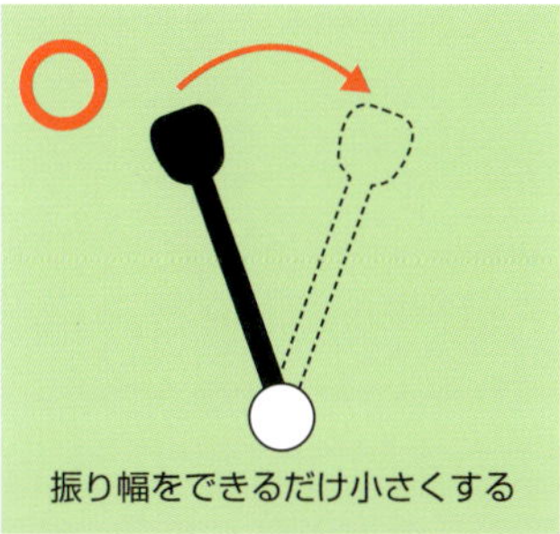

振り幅をできるだけ小さくする

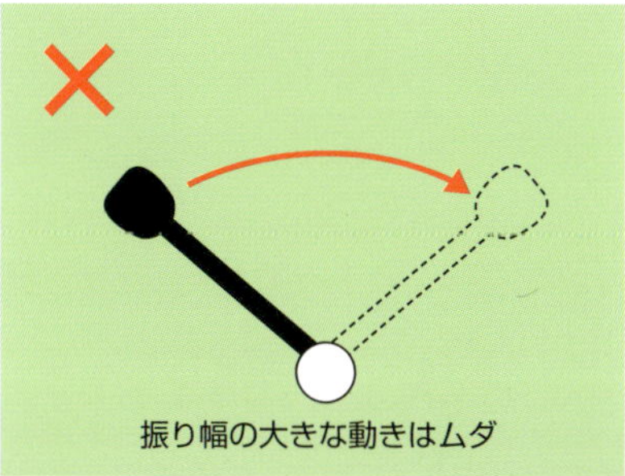

振り幅の大きな動きはムダ

NG Play

不必要な場面で持ち替えを行なう

試合中、間合いが十分取れているにもかかわらず、自分のスティックサイドからディフェンスがプレッシャーをかけに来ると、無意識で持ち替えを行なう選手が散見される。下図のように、相手のスティックが届かない時など持ち替えが不必要な場面での持ち替えはパスのタイミングを逃したり、プレーの遅れにつながり、攻撃のチャンスをつぶすことにもなりかねないので、周囲の状況を意識しながらベストなプレーを選択しよう。

ゴールに対し、広い角度で、多くの選択肢を持った状態で攻撃を展開できる

ゴールに対する角度が悪くなる。攻撃の選択肢を減らすこととなり、ディフェンス側に攻撃を読まれやすくなる。また、ゴールから遠ざかるように展開せざるを得ない

BC ボールキャリア　DF ディフェンス　→ BCの動き

スティック

DFが自分の右側から来た時、スティックを守ろうと持ち替えをしてしまう

第1章 スティックの扱い方を覚えよう！ ▼ 持ち替え

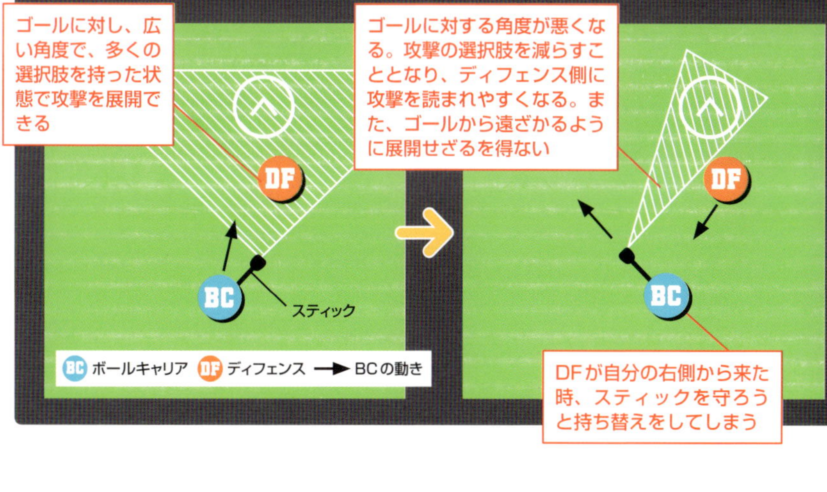

■■スティックの扱い方⑥

グランドボールの捕り方

BASIC ボールにスティックを近づける

グランドに転がるボールを捕るためには、地面とスティックをなるべく平行にするとよい。この時、上半身だけで捕りにいくのではなく、しっかりと下半身を使って捕りにいこう。

1 腰を落とす

混戦の状況でも、足を止めないで走り抜けてボールを捕るようにする

2 ボールをすくい上げる

この時、いかに早くヘッドの中のボールを安定させるかがカギ。また、相手ディフェンスにスティックをたたかれないよう、スティックを体に引き寄せて隠す

3 スティックをすばやく上げる

4 次のプレーに移る体勢に

グランドボールをいかに制することができるかが試合のカギを握る。グランドボールを確実に捕れるよう練習を繰り返そう

CHECK 1 腰を落とし、スティックと地面を平行に近づける

グランドボールを拾うためには、腰を落とし、重心を低く構える必要がある。また、地面に落ちているボールを拾うために、なるべくスティックのヘッドと地面を平行に近づけることを心がけよう。この時トップハンドだけを使ってすくうのではなく、ボトムハンドを使って後ろから前へ押すようにすると拾いやすい。拾い上げたあとは次のプレーにすぐ移ることができる体勢を意識しよう。

NG Play

スティックを地面に対して鋭角に使う

グランドボールに対して、スティックを地面に対して鋭角に構えると、ボールをうまくヘッドに収めることができず、転がしてしまう可能性が高くなる。確実にボールを拾うために、できるだけ地面と平行になるようスティックを近づけよう。

スティックが立っている状態

ADVICE

グランドボールを拾う意識を持つ

グランドボールの攻防戦において、男子の試合でよく見られるのが、グランドボールを拾おうとする選手のヘッドをたたきにいく動き。とくにロングスティックを使っている選手は、最初からグランドボールを捕ることをあきらめている選手が多いように見受けられる。これでは試合を優位に運ぶことはできない。グランドボールを拾う最大のポイントは、足を使ってスティックをボールに近づけ、拾うことだ。単純なことだが、常にこのことを意識してほしい。グランドボールを確実に制することが、勝利への近道だ。

CHECK 2 遠いボールを拾う

遠くに転がっているボールには、スティックを長く持って対処する。誰よりも早くその場に向かい、いち早くグランドボールを処理できるようにしよう。

1 グランドボールを拾うためにスティックを長く持つ

トップハンドの持ち手をヘッドの根元から下手へと移動させる

2 トップハンドを下手に移動させ、ボトムハンドを使ってボールを拾いにいく

MEN'S ロングスティックでも拾う意識を持つ

ロングスティックの選手も、グランドボールを積極的に拾いにいこう。スティックが長い分、相手選手よりも早くボールに接触できるし、グランドボールをきっちりと自陣ボールとすることで攻撃のチャンスが広がる。ロングスティックは守るための道具ではなく、ボールを奪うための道具だと心がけよう。

遠くにあるボールには、スティックを長く持って対処する

相手にチェックされないよう、スティックエンドをしっかりと持つ。そして相手の当たりに負けないよう、重心を低く構える

体に近い位置のボールには、スティックを短く持って対処する

STEP UP! グランドボール周辺のエリアを奪う

グランドボールを拾いに行く時、グランドボールの周辺のエリアをいかに奪うかということを意識してほしい。相手のエリアをつぶし、味方のエリアをつくることができれば、グランドボールを制することができる確率もあがる。

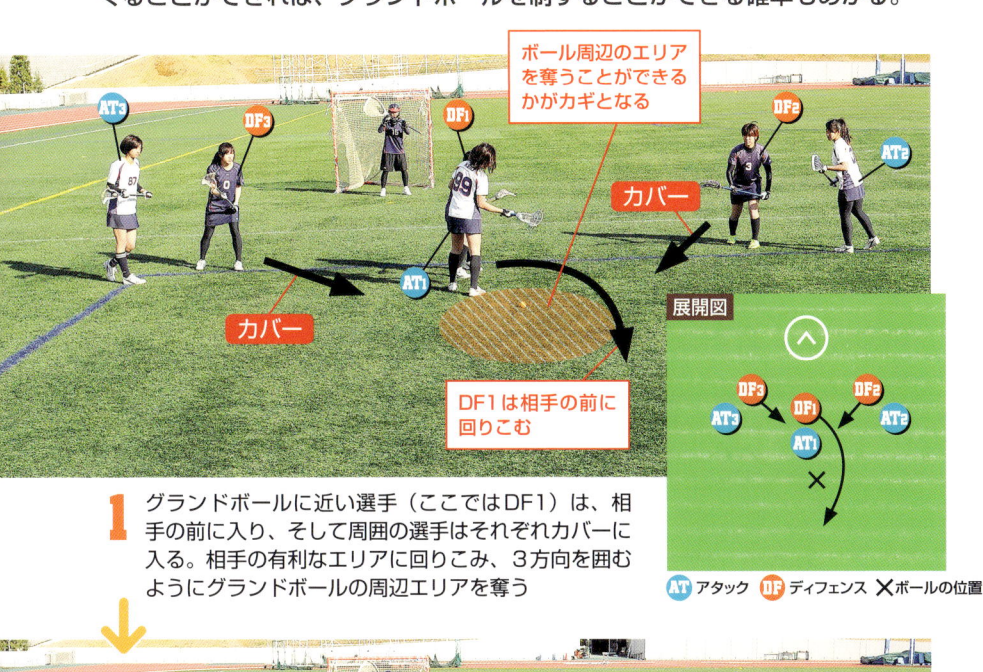

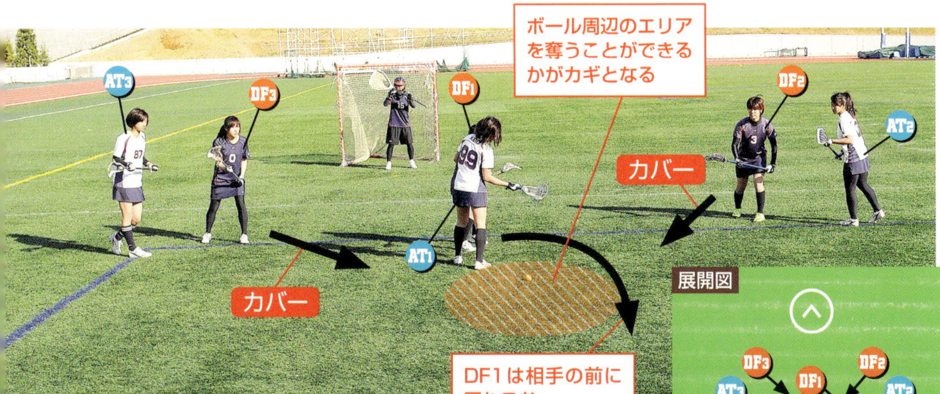

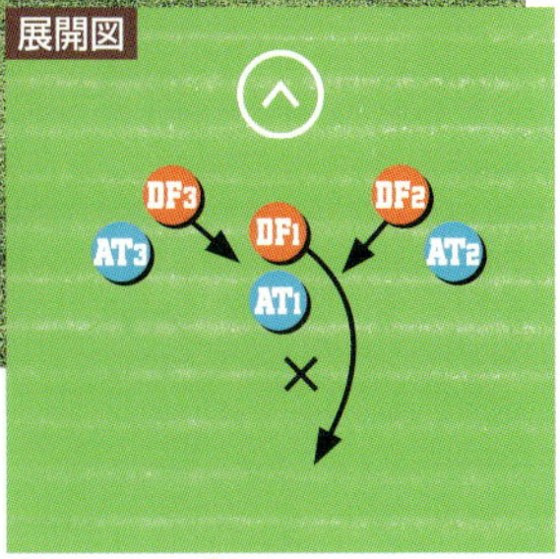

AT アタック　DF ディフェンス　×ボールの位置

1 グランドボールに近い選手（ここではDF1）は、相手の前に入り、そして周囲の選手はそれぞれカバーに入る。相手の有利なエリアに回りこみ、3方向を囲むようにグランドボールの周辺エリアを奪う

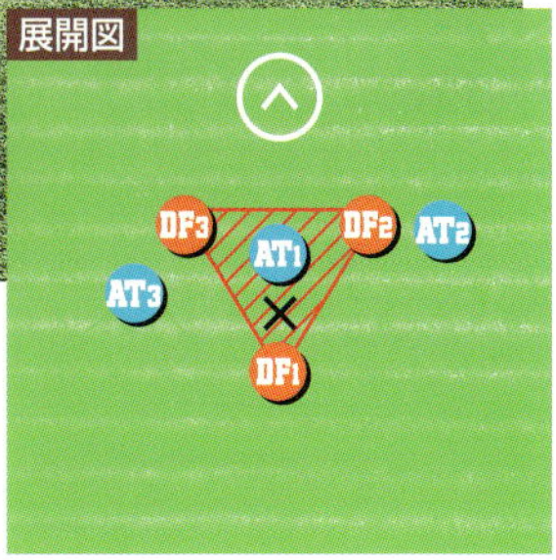

2 グランドボール周辺のエリアを奪い、グランドボールを処理する

第2章

試合中のテクニックを身につけよう！

基本動作を身につけたあとは、
実戦での動き方を練習しよう。
オフェンス、ディフェンスそれぞれの動きを解説していく

LACROSSE
PRIDE

試合の流れ

ルーズボール（グランドボール）を制したチームが攻撃権を獲得するが、攻守があっという間に入れ替わるスピーディーな展開もラクロスの魅力だ。オフェンスとディフェンスは常に表裏一体である。

試合開始（試合再開）

試合は、男子はフェイスオフ、女子はドローから始まる。

フェイスオフ（P114）

ドロー（P118）

OFFENSE

ボールキャリアの動き

突破（P46）

パス（P58）

ルーズボールを制する

ルーズボール

グランドボール（P36）

試合では、ボールが地面に落ちてフリーになる場面が非常に多い。これを確実に制することが、勝利につながる。

ルーズボールを捕られる

DEFENSE

ボールキャリアに対するディフェンス

スティックポジション（P67）

ホールド（P74）

ここでは、試合の流れを解説する。試合を優位に進めるためには、ルーズボール（グランドボール）をいかに制するか、ノンボールキャリアがどれだけ動けるかが重要なポイントとなる

シュート(P60)

ノンボールキャリアの動き

スペースを生み出す(P80)

ボールをもらう(P82)

ディフェンスの進路を限定(P90)

ノンボールキャリアの動きが試合のカギを握る

ゴール

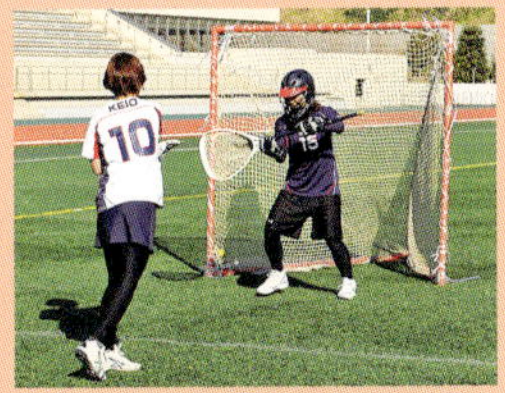

オフェンス側が放ったボールがゴールラインを割れば、1得点加算される。

ノンボールキャリアに対するディフェンス(P98)

セーブ

OFFENSE SIDE

ボールキャリアの動き方

ラクロスは点を取り合うスポーツだ。そのため、ボールを相手ゴールにいかに運ぶかがポイントとなってくる。ここではボールを持った選手（ボールキャリア）の動きを解説していく

1対1の局面をいかに確実に制するかが、試合のカギを握る

3つの動き方

選手がボールを持った時に選択できるプレーは、ボールを持ったまま突破をはかるか、味方選手にパスを出すか、ゴールに向かいシュートを打つかの３つに大別される。ここでは、その３つの動きに対し、どのような点を意識すればよいのかを解説していく。それぞれの状況に応じて何を考えながら動けばいいのか。それをしっかりと体にたたきこもう。

SCENE 1

突破をはかる

ボールを奪われないように守りながら、相手ゴールを目指す。

→P46

SCENE 2

パスを出す

味方にパスを出して、大きく展開を動かす。

→P58

SCENE 3

シュートを打つ

シュートを打たなければ点は入らない。ここではゴーリーとの駆け引きが重要となってくる。

→P60

SCENE 1

突破をはかる

相手ディフェンスのチェックをかいくぐり、ゴールに向かうための重要なポイントを解説していく

■突破における3つのポイント

相手のディフェンス網を突破するにあたり、大事なことは以下の3点である。間合いで勝負する、動きに緩急をつける、そしてスティックを隠すこと（スティックプロテクション）。この3点を常に意識しながら、どうすればより効果的に突破をはかることができるのかを考えよう。

POINT 1 間合いで勝負する

下図のように、相手ディフェンスのスティックが届く範囲が、相手の間合いだ。ここに飛び込んでしまうと、執拗なディフェンスを受け、自分が動くことができる方向が限定されてしまう。相手ディフェンスとの間合いを取りながら、突破を試みよう。

NG Play

相手の間合いで勝負してしまう

相手ディフェンスの間合いに入ってしまうと、当然ディフェンスがチェックをしてくるので、ボールを奪われないようスティックを隠すという動きにならざるを得ない。あまりこういう状況を生みださないようなプレーを心がけよう。

BC
DF

POINT 2 動きに緩急をつける

相手を抜くためには、相手のタイミングをずらす必要がある。単調な動きでは相手もマークしやすく、容易に抜くことができないので、動きに緩急をつけることを意識しよう。

BC ボールキャリア
DF ディフェンス
BC
相手のタイミングをずらすため、抜く直前に動きを止めている
DF
突破をはかる方向
こちらの方向に抜くと見せかけ、ディフェンスの重心を左にずらす
ボールキャリアの動きにつられて左にシフトしたため、自分の右側を抜こうとするボールキャリアの動きについていけない

POINT 3 スティックプロテクション

相手ディフェンスの間合いに入ってしまった時、普通に正面から対峙しては執拗なチェックにあい、ボールを取られてしまう。スティックヘッドを守るのに効果的な体勢を覚えよう。

基本的なポイントとしては、相手の間合いに入るような状況をつくりださないよう心がけることだ。しかし時として、相手の間合いに入らざるを得ない状況もある。そういう時に重要なのが、スティックを相手ディフェンスからいかに遠ざけるかだ。この時、ディフェンスと自分、スティックの位置関係が一直線になるのが理想だ。

MEN'S ディフェンスから見えない位置にスティックを持っていく

ヒジを張って、相手のチェックが届かない位置にスティックを持っていく
BC
DF

BC ボールキャリア　DF ディフェンス

WOMEN'S

ディフェンスから見えない位置にスティックを持っていく

女子の場合は男子と異なり、スティックが体に触れるとファウルを取られてしまうため、そこまでチェックは激しくない。そこで、スティックを相手から見えない位置に持っていき、なるべく自分の体のそばに置く。

ADVICE

スティックを相手の死角部分に隠す

スティックを隠しても、相手からスティックが見えてしまっている状況では、相手にヘッドをねらう余地を与えてしまうことになる。スティックは必ず自分の体のそばに置き、敵、自分の体、スティックという位置関係を保ち、相手から見えないようにすることを意識しよう。

○ 死角に隠す

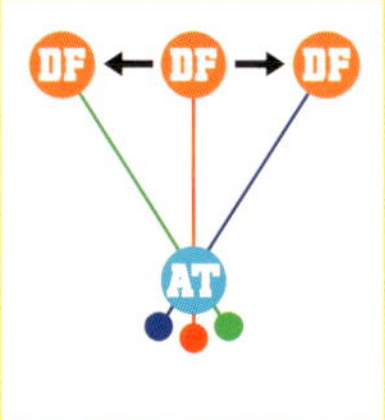

× DFから見える

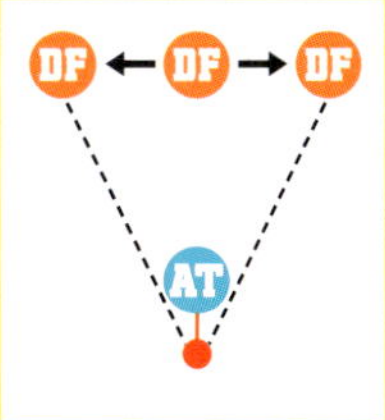

■ディフェンスを抜く（ダッジ）

さまざまなフェイクを仕かけ、相手ディフェンスを抜き去るプレーをダッジという。突破における３つのポイントを意識しながら、自分の得意な抜き方を身につけてほしい。

MEN'S テク1 ドライブの方向の変化で、ディフェンスを抜く―ブルダッジ

1

周囲の状況を確認し、走り抜けるスペースを決める

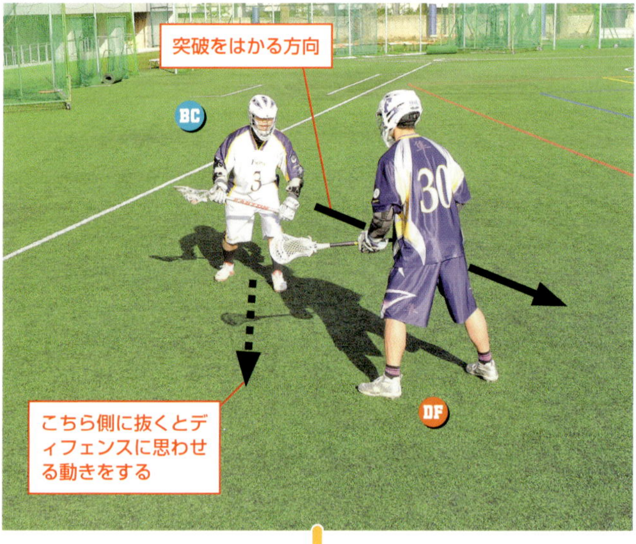

突破をはかる方向
BC
こちら側に抜くとディフェンスに思わせる動きをする
DF

BC ボールキャリア
DF ディフェンス

2

走り抜けたいスペースとは逆の方向にディフェンスを引きつける

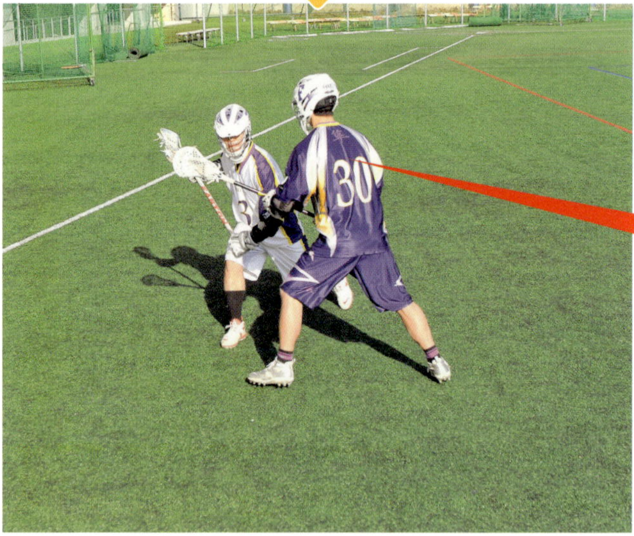

3

相手ディフェンスが動きに反応したら、一気に逆サイドへ

背後からスティックをチェックされないよう、しっかりとスティックを体に引き寄せて守る

4

相手を抜き去る

CHECK!

ダッジで相手を抜くポイントは、相手の重心をいかにずらすかだ。ディフェンスの重心を左右どちらかにずらすことができれば、抜ける可能性は高くなる。

重心をずらす

MEN'S

テク2 スティックを持ち替え、コースを切り替える―スプリットダッジ

1

周囲の状況を確認し、走り抜けるスペースを決める

BC ボールキャリア
DF ディフェンス

2

相手ディフェンスがホールドにきたら、スティックを持ち替えながら逆サイドに切り返す

CHECK!

持ち替える時は、スティックをコントロールできる位置にボトムハンドを持っていく。そうすれば次の動作（シュートやパスなど）にスムーズに移行することができる。

3

背中でスティックを隠しながら走り抜ける

MEN'S

テク3 顔でフェイクをかける—フェイスダッジ

1

走り抜けたいスペースとは逆の方向にディフェンスを誘導する。写真は、左に抜くと見せかけて右スペースに走り抜けようとしている

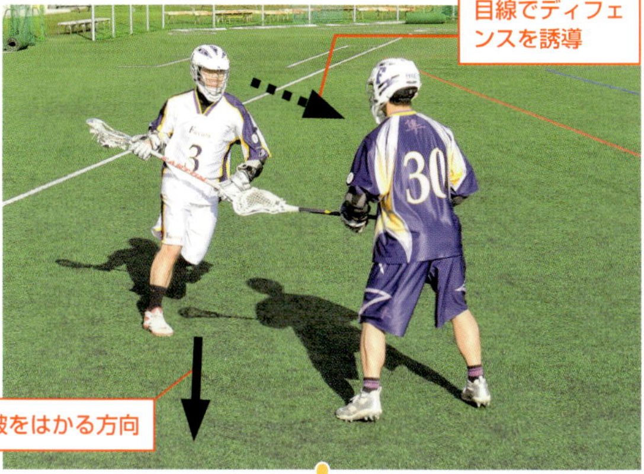
目線でディフェンスを誘導
突破をはかる方向

2

ディフェンスがその動きに反応したら、進路を逆サイドに切り替える

ボールキャリアの動きに反応し、スペースを守ろうと重心が右にシフトする

ADVICE

ヘッドを顔に近づける

この時、なるべくヘッドを顔の近くに持っていく。スティックを体で守り、ヘッドを顔の近くにすることで、ディフェンスにチェックさせない。

3

相手を抜き去る

MEN'S

テク 4 軸足で回転しながら相手を抜く―ロールダッジ

1

ドライブをするも、相手ディフェンスがホールドをしにくる

BC
DF
突破をはかる方向

BC ボールキャリア
DF ディフェンス

2

軸足で回転し、もう一方の足で逆サイドに踏み込む

相手ディフェンスが突破をふせごうとしてくる動きに対し、回転することで進路を切り替える

CHECK!

回転をする時、相手ディフェンスにスティックをチェックされないよう、なるべくスティックを体に近づける。

持ち替えのタイミングが早いとディフェンスのチェックを受けやすくなるので、抜け切った時に持ち替える

3

スティックを守りながら走り抜ける

WOMEN'S テク1 逆スティックサイドに抜けると見せかけてスティックサイドへ─ブルダッジ

ここで大切なのが、顔の向きだ。進行方向とは逆のサイドを狙っていると思わせないよう、相手ディフェンスを抜く最後の瞬間まで顔でフェイクをかけよう。

1

体重移動をし、相手との間合いを詰めつつ、左サイド（逆スティックサイド）に抜けると思わせる

BC ボールキャリア
DF ディフェンス

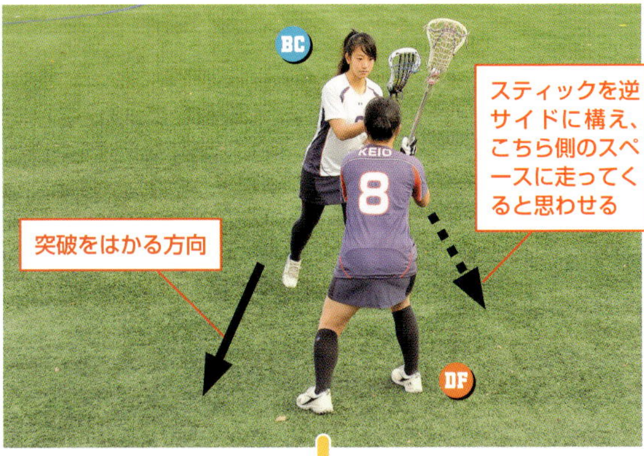

2

相手ディフェンスがその動きにつられた隙を突き、一気にスティックサイド（右）へ

3

相手を振り切る。この時、視線は落とさない。前方を向いて抜いていく先の状況を確認しながら動く

WOMEN'S

テク 2 スティックを持ち替えて相手を抜く―スプリットダッジ

スティックを持ち替え、相手を抜き去る技術。相手にチェックされないよう、持ち替えをスムーズに行なう練習をしよう。

1

右方向に突破をはかるも、ディフェンスがその動きに対応してくる

BC ボールキャリア
DF ディフェンス

2

相手ディフェンスがホールドに寄ってきたところを、スティックを持ち替え、進路を変更

CHECK!

スティックを体で隠し、一瞬の間に持ち替え、相手ディフェンスを交わす。
(持ち替え→P34)

3

相手を振り切る

WOMEN'S テク3 パスフェイクから相手を交わす―フェイスダッジ

相手ディフェンスがパスカットをねらってきた時、スティックを逆サイドで隠しながら相手を抜く。この時、スティックが体から出ないように注意する。

1

パス方向を見て、相手ディフェンスにパスを出すと思わせる

BC ボールキャリア
DF ディフェンス

2

相手ディフェンスがパスカットしにきた隙を突き、スティックを隠しながらドライブする

3

相手を抜き去る

SCENE 2

パスを出す

攻撃の展開を優位にする方法のひとつとして、味方に効果的なパスを出すことが挙げられる。パスを覚えて、攻撃の幅を広げよう

■パスを出す時の2つのポイント

味方にパスを出すにあたり、押さえておいてほしいポイントが2つある。ひとつがディフェンスに行動の選択肢を読ませないこと、そしてもうひとつがディフェンスがボールを捕ることのできない位置にパスを出すことだ。

テク1 相手に選択肢を読ませない

いかにもパスを出すという動きだと、相手ディフェンスに察知され、パスコースを制限されてしまう。パスを出す直前まで相手に動きを読ませないよう意識しよう。

突破をするのか、パスを出すのか、行動を相手に悟られないようにする

BC
DF

BC ボールキャリア
DF ディフェンス

突破と見せかけてパス

相手ディフェンスの左側を抜くと思わせ、パスを出す

パスと見せかけて突破

パスを出す振りをして、相手ディフェンスを誘導する

パスを出すと思わせ、相手ディフェンスがパスコースを遮ろうとしてきた瞬間に切り返し、ディフェンスを抜く

テク2 ディフェンスが捕れない位置にボールを投げる

いざパスを出すにあたり、ディフェンスの守備範囲内にパスを出してしまったら、ボールを奪われる可能性が高くなる。まずパスを出したい選手とそれをマークしているディフェンスの動きをよく確認する。そして味方がどこにどの程度のスピードで動くか、相手ディフェンスがそれに対してどうついてくるかを予測しよう。

1

パスを出す相手の状況を確認する

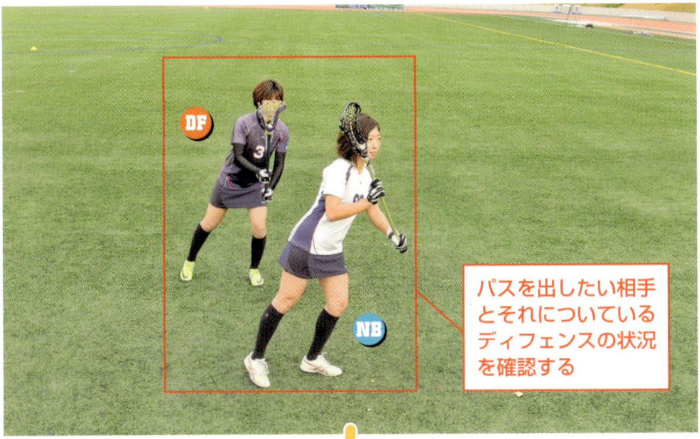
DF
NB
パスを出したい相手とそれについているディフェンスの状況を確認する

NB ノンボールキャリア
DF ディフェンス

2

パスを出す相手とディフェンスの動きを予測し、ディフェンスがボールを捕ることができない位置にパスを出す

ディフェンスが捕れない位置にパスを出す

NG Play

ディフェンスにパスを奪われてしまう

パスを出すことが予測され、なおかつ相手ディフェンスの守備範囲にパスを出すと、相手にパスを奪われる可能性が高くなる。

うかつにパスを出すと、相手ディフェンスにボールを捕られてしまう

SCENE 3

シュート

シュートのポイントは、ゴールの枠内にシュートを打つこと。枠内にいかないシュートの決定率は0パーセントだということを意識しよう

■ゴーリーのタイミングをずらす

シュートを打つにあたり、スピードは速いにこしたことはないが、それだけでは決定率は上がらない。重要なポイントは、ゴーリーが反応しづらいシュートを打つことだ。そのために、下記の３つのチェックポイントを意識してほしい。ゴーリーのタイミングをいかにずらすかを考えながら練習しよう。

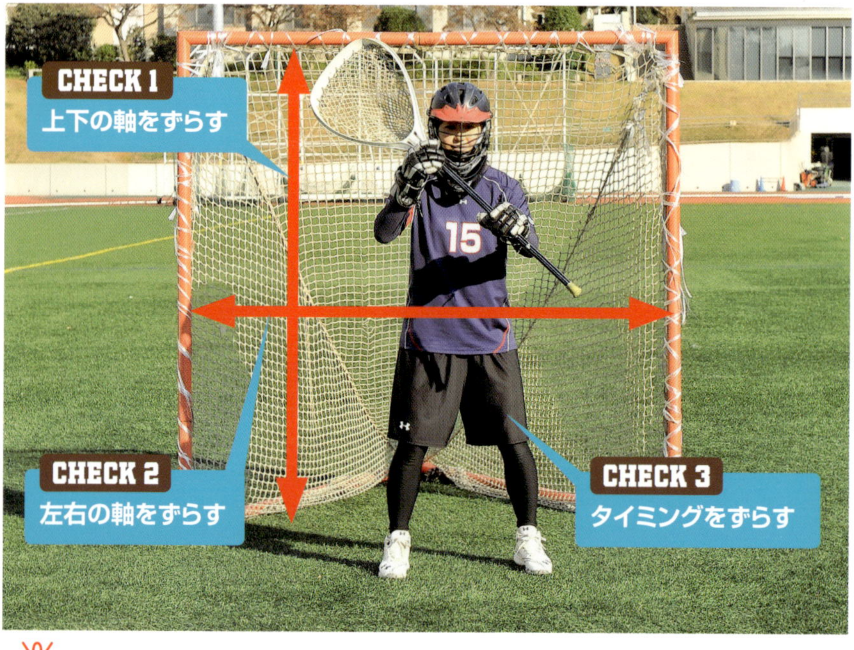

CHECK 1
上下の軸をずらす
CHECK 2
左右の軸をずらす
CHECK 3
タイミングをずらす

ADVICE

強いシュートを打つだけがすべてではない

強いシュート、速いシュートを打てればかっこいいし、気分もいい。そのため、強く、勢いのあるシュートを打とうと、思い切り振りかぶってシュート練習を行なっている光景をよく見かける。とくに男子のヘッドはボールのかかりがいいためより顕著だが、それよりも、小さいモーションで、同じフォームで色々な場所に打ち分け、ゴールに近い距離で確実に決める練習をしよう。

CHECK 1 上下の軸をずらす—フェイク（上下）

上部にシュートを打つと見せかけ、ゴーリーにシュートコースを誤認させられるかどうかがカギとなる。できるだけボールのリリースを遅くし、最後の最後までゴーリーを見れるようにする。

1 目線、スティックの位置でゴール上を狙っているとゴーリーに思わせる

2 相手ゴーリーが上に反応した隙を突く

上部に打つと見せかけて投げやめる

ゴール下部に反応できないようにする

3 足元にシュートを打つ

ADVICE

相手ゴーリーを上下に揺さぶる

3つのチェックポイントのうち、一番重要なのが、ゴーリーの上下の軸をずらすこと。ゴールの大きさは正面から見ると183センチ×183センチだが、正面より斜め横から打つケースが多い。写真のように横からゴールを見ると、必然的に幅は狭くなるが、上下の高さはどの角度から見ても一定である。上下のスペースを利用して、ゴーリーの軸をずらすことができれば、得点率もアップする。

CHECK 2 左右の軸をずらす―フェイク（左右）

左側にシュートを打つと見せかけ、ゴーリー右のスペースをこじ開ける。こちらも最後の最後までゴーリーの動きを見よう。

1

目線、スティックの位置で左スペースにシュートをすると見せかける（ゴーリー側から見て右）

ゴーリーをフェイクで揺さぶり、左右どちらかにスペースをつくる

2

ゴーリーが右側を意識したわずかな隙を突く

3

空きスペースを突き、シュートを打つ

右スペースを警戒した分、反応が遅れる

CHECK 3 タイミングをずらす─フェイク（前後）

シュートにおける３つ目のポイントは、ゴーリーのタイミングをずらすことだ。ゴーリーはシュートを打つタイミングを読んでくるので、それを利用して相手が反応したあとでシュートを打とう。

1

通常のシュート動作を行なう

2

ゴーリーは当然シュートが来ると思い身構えるが、そこで一度シュート動作を止める

ADVICE

最後までゴーリーの動きを見極める

何も考えずにシュートを打つのではなく、ボールのリリースの直前までゴーリーの動きを見極めよう。

3

タイミングを外されたゴーリーが構え直す一瞬の隙を突き、シュートを打つ

タイミングをずらされた分、反応が遅れる

DEFENSE SIDE

ディフェンスの動き方①

ボールキャリアの動き方に対し、どう対応すれば自陣を守れるのか。その動き方を覚えよう

自分のディフェンスエリアを奪われないことを意識しよう

突破をいかに防ぐか

ボールキャリアの突破に対してのポイントは、いかに自分のディフェンスエリアをオフェンス側に奪われないかである。まず覚えたいのが、相手に対する立ち位置。相手と対峙するうえでどのように、どのような間隔で対峙すれば効果的なのかを身につけよう。そして相手の動きをけん制するためのスティックの見せ方、相手が自分のディフェンスエリアに入ってきた時のホールドの心構え、さらには有効なパスを出させないためにはどう動けばいいのかをこの項で解説していく。

SCENE 1

基本ポジショニング

少し前傾で対峙する。

→P66

SCENE 2

スティックポジション

相手の動きをけん制するとともに、いい体勢をとらせない。

→P67

SCENE 3

ホールド

ヒザ、ヒジ、体幹を使い、相手に一番力をかけられる体勢をつくる。

→P74

SCENE 4

有効なパスを出させない

パスコースを限定させ、相手の思うような方向にパスを出させないようにする。

→P76

SCENE 1

基本ポジショニング

自分のディフェンススペースを奪われないよう、またオフェンスがいい状態で自分の間合いに入れないようにする

■自分の間合いに入れない

前進してくるオフェンスに対して、自分の守っているスペースを奪われないような守備を心がけよう。また、その時オフェンス側の体勢を崩すためにはどう動いたらいいのかを考えよう。

〈正面から見た時〉

間合い

ADVICE

オフェンスの動きに惑わされない

ボールキャリアの動き方で解説したように、オフェンス側はさまざまなフェイクを仕かけて抜こうとしてくる。それらの動きに惑わされると、いつの間にか抜かれ、チャンスを与えるということになりかねない。オフェンス側の動きに対応するのではなく、自分のディフェンススペースを奪われないよう、間合いを意識したディフェンスを心がけよう。

〈横から見た時〉

自分の守っているスペースを相手に取られないという意識で守る
BC
DF
ボールキャリアが自由に動くことができないよう、間合いから半歩踏み込んだ位置で対応する

BC ボールキャリア
DF ディフェンス

SCENE 2

スティックポジション

オフェンスの動きをけん制し、容易にドライブさせないスティックポジションの技術を紹介する

MEN'S

テク1 相手の動きをけん制する―ポークチェック

1

相手のオフェンスが突破を仕かけたり、パスを出そうとしている

BC
DF

BC ボールキャリア
DF ディフェンス

2

相手のボトムハンドを狙い、スティックヘッドを繰り出す

ボトムハンドを押さえることで、相手のスティックコントロールを失わせ、パスの精度を落とす

MEN'S

テク2 相手のヘッドをたたく―スラップチェック

1

相手のオフェンスが
突破を仕かけてくる

BC
DF

BC ボールキャリア
DF ディフェンス

2

相手のヘッドをすば
やくたたき、ボール
を落とす

スティックのヘッド
をしっかり狙おう

ADVICE

スラップチェックのポイント

スティックをたたきにいく動きは動作が大きい分、隙が生まれやすい。そのためスラップをうまく交わされ、突破を許してしまうケースも多々ある。むやみにたたきにいくのではなく、しっかりと状況を見極め、その場に応じたプレーを選択できるようになろう。

MEN'S テク 3

相手の体に巻きつくようにヘッドをたたく―ラップチェック

1

相手のオフェンスがスティックを隠しながら突破を仕かけてくる

BC ボールキャリア
DF ディフェンス

2

相手の体に巻きつくようにチェックを出し、相手のヘッドをたたく

ADVICE

ホールディングを避ける

ラップチェックの際、相手をおさえつけていると判断されてしまい、ホールディングのファウルをとられることもある。どこまでがセーフなのかをしっかりと判断できるようになろう。

チェック後の動作を意識し、できるだけ両手でチェックを行なおう

MEN'S テク4

ボトムハンドを押し上げる―リフトチェック

1

相手が自分の間合いに入ってきた時に、ボトムハンドをねらう

BC ボールキャリア
DF ディフェンス

2

相手のボトムハンドを押し上げ、コントロールを失わせる

CHECK!

この時、しっかりとグローブ部分をねらおう。腕を引っかけてしまうと、ホールディングのファウルをとられてしまう。

テク 5 背中越しに相手のヘッドをたたく―オーバーヘッドチェック

1

相手のオフェンスが突破を仕かけようとしてくる

BC ボールキャリア
DF ディフェンス

2

ラップチェックをねらうと見せかけて、相手に、体の後ろ側でクレードルを誘う

相手の頭近くに振り上げるため、スラッシングのファウルをとられないよう注意

3

スティックが後ろに出る瞬間をねらい、相手の背中越しにチェックをねらう

WOMEN'S

突破に対する構え方

■ファウル基準を見極める

男子のチェックと違い、女子の場合は防具がない分、ファウルをきびしく取られてしまう。どこからがファウルで、どこまでが正しいチェックなのかをしっかりと自分の中で把握しよう。

テク けん制する

けん制時に大切なことは、オフェンス側の選手に自分が守っているスペースを奪われないことだ。あせって前進を食い止めようとオフェンス側の選手に近づいて守備を行なうのではなく、自分の間合いを取りながらけん制しよう。

CHECK!

オフェンスの選手の体に触れないようスティックを出す

けん制について基本は男子と一緒だが、女子の場合はスティックが体に触れるとファウルをとられてしまう。相手に触れないようにけん制をする。

BC ボールキャリア　DF ディフェンス

NG Play

けん制しようという意識が強くなり、右記のようなプレーをしてしまってはファウルをとられる。頭から20センチ以内の部分にスティックを持っていったり、スティック以外の部分をたたくとファウルだということをしっかりと覚えておこう。

①頭、顔まわりをねらう

②体をたたく、体方向にスティックを動かす

〈けん制の際の注意点〉

女子は男子と違い防具を着用していないため、チェック、接触に関するファウルがきびしい

ADVICE

スティックを元の位置に戻す

けん制の際に注意したいのが、握ったスティックを基本位置にまで戻すことだ。スティックを振り回していると、スティックのコントロールができていないという理由でファウルになることがある。これはきちんとスティックをコントロールできていることをアピールする動きでもある。

スティックを相手のアタックに向けて繰り出す

スティックを必ず元の位置に戻すことを意識する

SCENE 3

ホールド

相手が自分の間合いに入ってきた時に、体であたり、相手の動きをコントロールするプレーをホールドという。体全体を使い、相手を抑えこむ

MEN'S テク 1 ヒジを使う―Vホールド

重心を下げ、右ヒジをうまく使いながら相手の前進をさまたげる。

BC ボールキャリア DF ディフェンス

CHECK!

Vホールドの構え。右ヒジがVの形になることから、Vホールドと呼ばれる。低い体勢をとりながら体全体を使う。

MEN'S テク 2 力でおさえる―フロントホールド

Vホールド同様、重心を下げ、体全体を使っておさえる。

CHECK!

この時、しっかりとグローブでおさえること。スティックでおさえるとファウルとなる。

WOMEN'S

テク ホールドの基本姿勢

相手をホールドする時、トップハンドとボトムハンド両方を使っておさえにいくのではなく、ボトムハンドを中心に相手をおさえる。その際、トップハンドはホールド後の動きに対応すべく、スティックを自由に動かすことができるようにする。

BC ボールキャリア　DF ディフェンス

ADVICE

ホールド=ディフェンスではない!

ホールドをしにいくと、足が止まりやすく、さらには両腕を使うことになるので、ボールを捕る機会が減ってしまう。また、ホールドをしにいこうとしすぎて重心を崩し、敵に抜かれる場合もある。ディフェンスの基本はあくまでも自分の間合いを保ち、自分のディフェンススペースを守りながら相手オフェンスにプレッシャーをかけることである。

相手のどの動きにも対応できるよう、間合いを大切にする

SCENE 4

有効なパスを出させない

相手に優位に攻撃を展開させないためにも、パスコースをふさぎ、攻撃方向を限定させる

■パスを限定させる動き方

ラクロスはボールを動かしている側が有利なスポーツである。有効なパスを出されてしまうと、得点を奪われる可能性が高くなる。オフェンス側の攻撃の選択肢を減らすために、ここではパスコースの限定のさせ方、インターセプトのねらい方を紹介する。

テク1 パスコースを限定させる

パスを出させないために相手にプレッシャーをかけ、相手との間合いを詰める。その時、相手が横を向かざるを得ない状況に追い込むことで、攻撃の選択肢を減らすことができる。

テク2 インターセプト

ディフェンスからオフェンスに転じる方法として有効なのが、敵のパスをインターセプトしてしまうことだ。周囲の状況を確認し、ノンボールキャリアの動きとボールキャリアの動きを予測しながらパスを奪おう。

1 パスの出し手とノンボールキャリア（ボールを保持していないオフェンス）の動きを確認し、パスの方向を予測する

BC ボールキャリア
NB ノンボールキャリア
DF ディフェンス

2 パスコースに入るとともに、相手よりも先にスティックを出し、ボールをインターセプトする

ADVICE

わざとパスコースを空ける

こちらの思いどおりの方向にパスを出させるために、あえてパスコースを空けることもひとつの手段。こちらのねらいどおりにパスを出させることで、ボールを奪える確率がアップする。

OFFENSE SIDE

ノンボールキャリアの動き方

ボールを持っていない選手（以下ノンボールキャリア）の動きが攻撃力を左右するといっても過言ではない。ここではノンボールキャリアの試合中の動き方について解説していく

ノンボールキャリアの動き次第で、試合の展開はがらりと変わる

ノンボールキャリアの動きが試合を決める

ラクロスはほかのスポーツと違い、ボールキャリアに対する制限（たとえば3歩以上歩いてはいけない、ドリブルをしなければならないなど）がないため、基本的にはオフェンス側に有利なスポーツとなっている。そのためフィジカルが強い選手がひとりでもいると、ついその選手の動きに頼ってしまい、ノンボールキャリアはただその動きを見守るだけと

SCENE 1

ボールキャリアのためのスペースを生みだす

ボールキャリアの突破がスムーズに行なえるよう、ディフェンスを引きつけ、ボールキャリアがゴールに向かうスペースをつくる。

➡P80

SCENE 2

ボールをもらう

ディフェンスの位置状況を確認し、いい状態でボールを受ける動きをする。

➡P82

SCENE 3

ディフェンスの進路を限定する

ディフェンスの進路を限定することで、攻撃を有利に展開できるようになる。

➡P90

いう状況になりがちである。これでは得点機会が限られてしまう。「ノンボールキャリアがいかに動くか」。これが、攻撃のカギを握る。どうすればよりよい状況でボールキャリアがシュートに持ちこめるか、パスを受けることができるのか。ここでは基本的な３つの状況について解説していくので、それを読んで自分なりに考え、早速実践してみよう。

SCENE 1

ボールキャリアのためのスペースを生み出す

ボールキャリアの動きをサポートすべく、ディフェンスを引きつける動きをする

■スペースをつくろう

ノンボールキャリアの動きの中で大切なことのひとつが、ボールキャリアが突破しやすいようにスペースをつくることだ。スペースをつくる動きは、ボールをもらいに行く動きと直結している。ボールキャリアからのパスを受けに行くと、それを食い止めるためにディフェンスも動く。するとディフェンスが守っていた場所にスペースが生まれる。「どうすればボールキャリアがよりよい状況で突破をすることができるのか」。それを念頭に置き、プレーをしよう。

テク　ボールを受け取りに行き、ディフェンスを引きつける

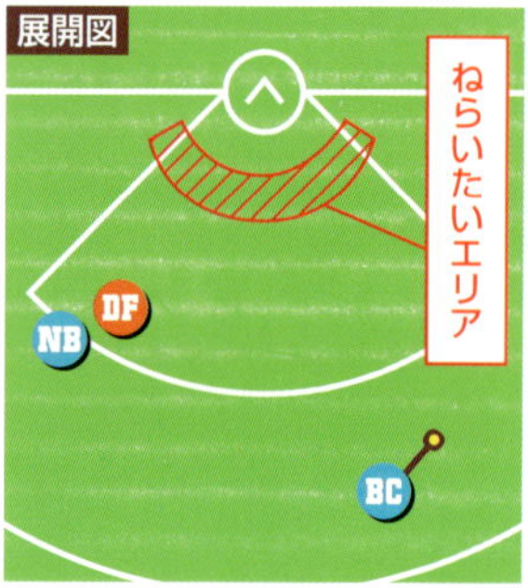

BC ボールキャリア　NB ノンボールキャリア
DF ディフェンス　ボールの位置

1 ゴール前で2対1の局面になる

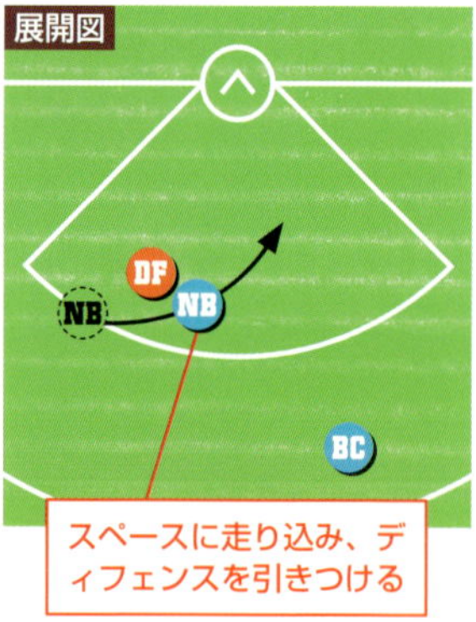

2 NBはスペースに走り込み、ボールを受けに行く

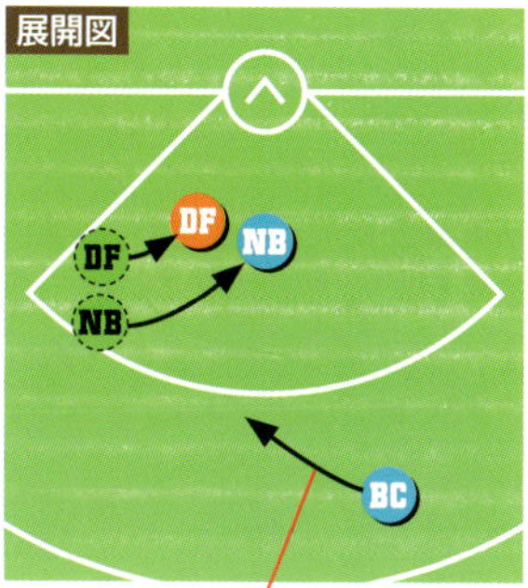

3 パスが通ればゴールを決められてしまう可能性が高いため、ディフェンスはパスを受けさせないよう動いてくる

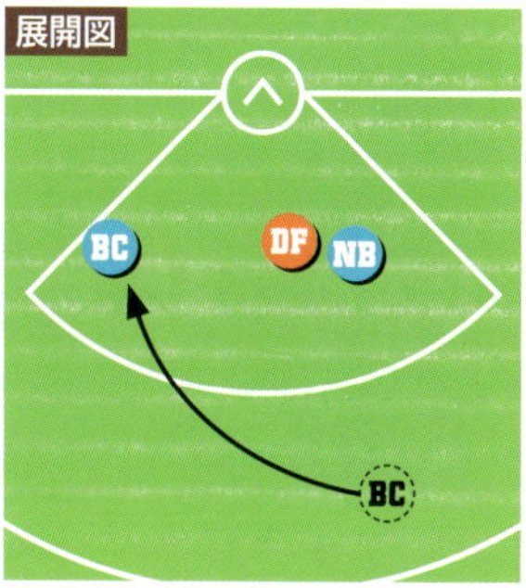

4 スペースが空いた瞬間を見逃さず、そこに走り込んでゴールをねらう

ADVICE

実際にボールをもらうという意識を持つ

試合中によく見られるのが、ディフェンスを引きつける動きにのみ集中してしまい、実際にボールをもらうという意識が見られないことだ。スティックヘッドを下げて片手で持ちながら走るといったプレーは論外。ボールキャリアがパスを出すのか、突破を仕かけるのか、ディフェンス側に悟られないためにもボールをもらうという意識は忘れずに持とう。

スティックを下げていたらパスを受けることはできない

ボールをもらう

ボールキャリアからパスを受け、そのままシュートを狙う

■ディフェンスを翻弄する

ボールをもらう動きは、ボールキャリアのためのスペースを生み出すプレー同様、ディフェンスを翻弄することが求められる。どうすればよりよい状況でパスを受けることができるようになるのか、ここでは４つのテクニックを紹介。ディフェンスを揺さぶるために、複数のプレーを組み合わせて動くのも効果的だ。

テク1 ディフェンスの視界から消える（外に展開・プルアウェイ）

ボールキャリアがゴールに向かう時、その動きにディフェンスが注意を引きつけられる。その隙を突いて、ノンボールキャリアは徐々に外に展開し、ディフェンスの視界から外れる。その後ボールキャリアからパスを受け取って、ゴールを目指す。

DFの背後に回り、ディフェンスの視野から外れる
ボールキャリアの動きに集中させる
ゴールに向かう
DF
NB
BC

1 ボールキャリアの突破に対してディフェンスが注意を払っている隙に、外に展開する

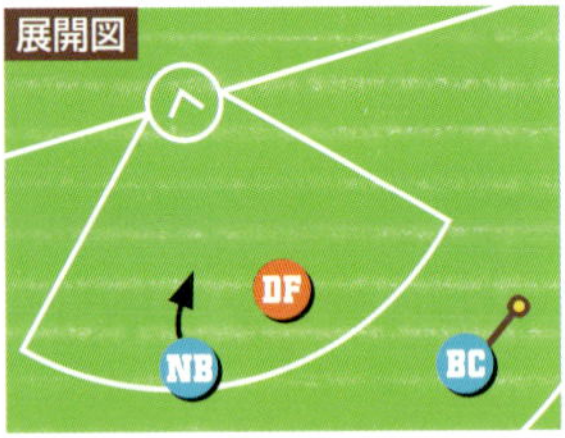
展開図
DF
NB
BC

BC ボールキャリア
NB ノンボールキャリア
DF ディフェンス
ボールの位置

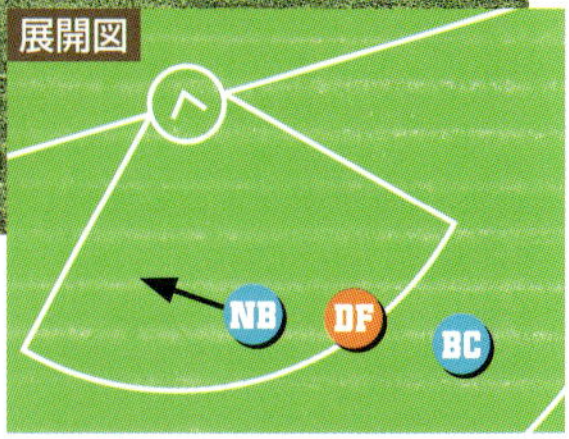

2 ディフェンスがボールキャリアの動きを止めようと動いた隙を突いて、ディフェンスの背後から空いたスペースに動く

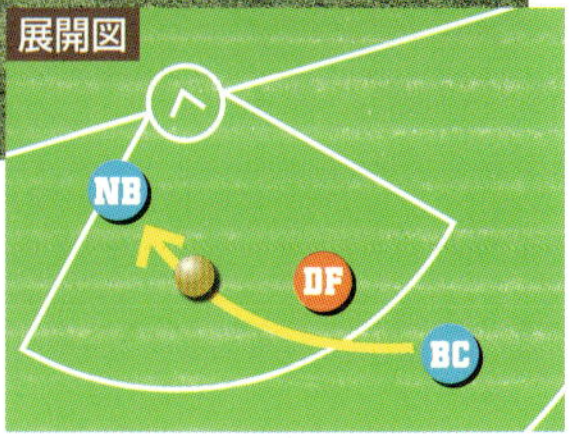

3 ボールキャリアからパスを受け、そのままシュートを狙う

ADVICE

ディフェンスの動きを主語にしてプレーをする

　オフェンス側の最大のポイントは「いかにディフェンスをさせないか」だ。自分のマークディフェンスが思うようなディフェンスができなければ、オフェンス側にとって展開が有利になる。「ディフェンスが○○にくるから、こう動こう」などというように、ディフェンスの行動をあらかじめ予測することを心がけよう。

テク2 ディフェンスの視界から消える（裏取り・バックドア）

こちらもディフェンスの一瞬の隙を突くテクニック。ディフェンスの背後からゴール前のスペースをねらう。ディフェンスがボールキャリアの動きを注視している間にディフェンスの視界から外れて、ディフェンスの裏スペースを取り、パスを受けてゴールをねらう。

1 ボールキャリアがゴールをねらう

BC ボールキャリア
NB ノンボールキャリア
DF ディフェンス
ボールの位置

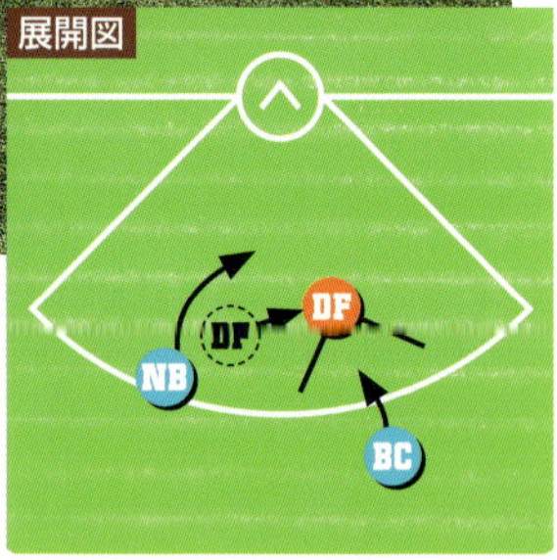

2 ディフェンスがボールキャリアの動きをふせぎに行き、ノンボールキャリアから目線を外した瞬間に背後をねらう

3 ディフェンスの背後のスペースをとり、パスを受ける

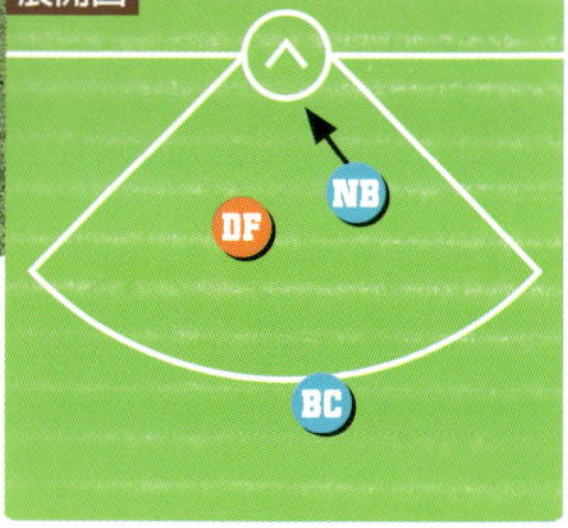

4 パスを受けたらそのままシュート

ADVICE

いいディフェンスをさせない

　オフェンスをするにあたり、いい攻撃をしようと思っている人は多いだろう。しかし、それに意識が向きすぎると、相手のことを考えなくなる。重要なのは相手にいいディフェンスをさせないことだ。このことを念頭に置き、プレーしよう。

テク3 ディフェンスの前に入り、スペースを奪う（フロントカット）

ディフェンスが後ろに下がった時に生まれるスペースを見逃さない。ディフェンスの前のスペースを奪うとともに、ボールキャリアからパスを受け取り、ゴールをねらう。

1 ディフェンスが2人を同時にマークしようと後ろに下がった隙を突く

BC ボールキャリア
NB ノンボールキャリア
DF ディフェンス
ボールの位置

2 ディフェンスの前のスペースに走り込み、ボールキャリアからパスを受け取る

3 ディフェンスを振り切り、シュートを放つ

ADVICE

ディフェンスの視線をいかに振るか

人間の視野には限界があり、すべてを見渡すことはできない。とくに何かに注目している時の視野は極端に狭くなる。この特性をうまく利用し、死角をうまく使うことができれば、その分対応も遅れるので、有利に攻撃を展開することができる。

〈正面を向いているところ〉

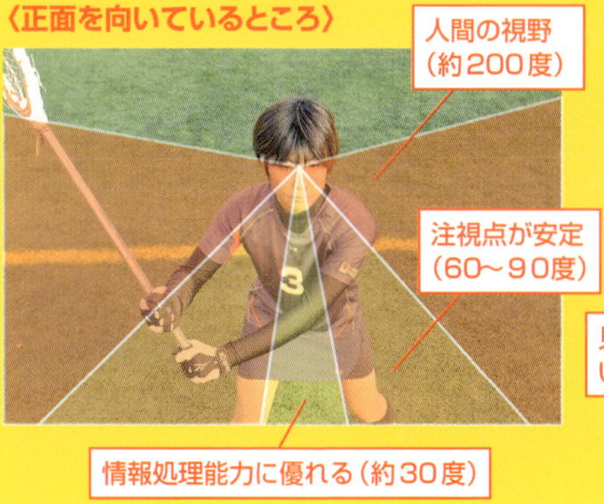

〈視線が左に向いている〉

相手の注意を向けることで、死角を生みだし、その隙を突く

テク4 バックドアからフロントカット―フェイクをかけて相手を揺さぶる

今度はテクニックを組み合わせてディフェンスを翻弄する動き方を紹介する。まずはバックドアカットを仕かけ、ディフェンスに「背後を取られてしまう」という危機感を持たせよう。するとディフェンスがカットをふせぐために少し後ろに下がって対応してくる。その隙を突いてフロントカットを行なおう。

1 バックドアカットを行なおうとするも、相手ディフェンスは後ろに下がり、ボールキャリア側から後ろに目線を移動する。目線が外れた時に、フロントカット

- BC ボールキャリア
- NB ノンボールキャリア
- DF ディフェンス
- ボールの位置

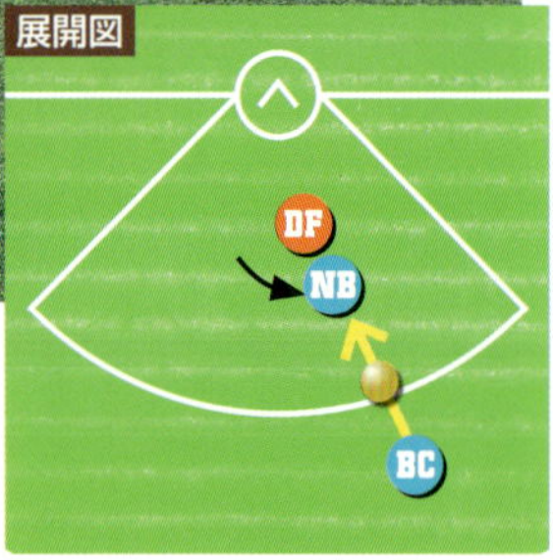

2 ディフェンスが後ろに下がった瞬間、フロントカットでディフェンスの前に出る。ボールキャリアからパスを受け、ゴール前に切り込む

3 ディフェンスを振り切り、シュートを打つ

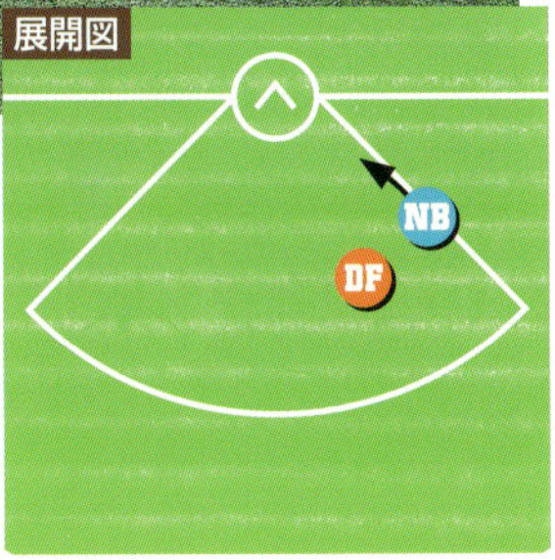

ADVICE

ボールキャリアの状況を良くする

とくに男子の試合でよく見られるのが、ノンボールキャリアがボールキャリアの突破を見守っているケースだ。みずからが動いて、ボールキャリアの状況をより有利にしようと動く選手はまだまだ少ない。繰り返しになるが、ノンボールキャリアの動きが試合の展開のカギを握っている。ノンボールキャリアがいかにディフェンスを翻弄させるか。それを意識して、プレーをするよう心がけよう。

味方の選手が突破をする様子を見守るのではなく、どうすればよりよい状況を生み出せるか考えて行動しよう

SCENE 3

ディフェンスの進路を限定する

ノンボールキャリアが相手ディフェンスの進路をふさぎ、ボールキャリアをフリーにする動きをピックという。ここでは効果的なピックのかけ方を紹介する

MEN'S テク1 ディフェンスの進路を限定する

1

ボールキャリアをフリーにすべく、ノンボールキャリアはディフェンスの動きを阻むように動く

BC ボールキャリア　NB ノンボールキャリア
DF ディフェンス　ボールの位置

2

ピックがかかった状態。ディフェンス（DF2）はノンボールキャリアに動きを阻まれているため、スライド（マークを切り替える）できない

3

ボールキャリアはそのままゴールを目指し、シュートを打つ

NG Play

ディフェンスをフリーにしてしまう

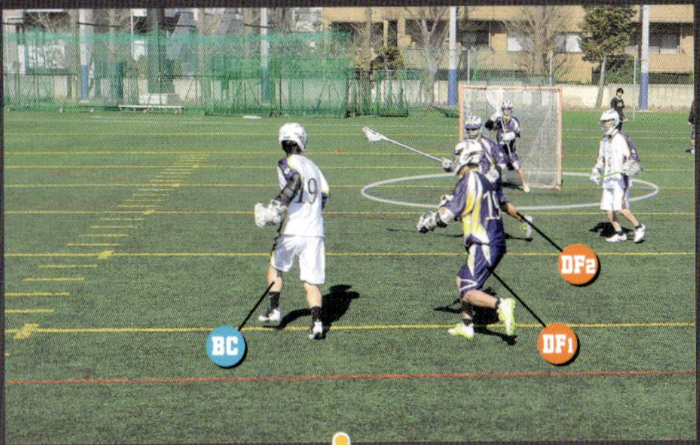

1

ボールキャリアが突破をはかろうとするも、ノンボールキャリアをマークしていたディフェンス（DF2）がスライドする

2

ディフェンス（DF2）をフリーにしてしまったため、攻撃のチャンスが失われる

MEN'S

テク2 ノンボールキャリアをフリーにする

ピックプレーを有効に使うことができれば、攻撃の展開が有利になる。ゴール前の局面で、人数を上回ることができれば、それだけ得点の機会が広がる。

1 ボールキャリアがゴール裏から攻撃を展開する状況。NB1がボールを受け取りにいこうとする

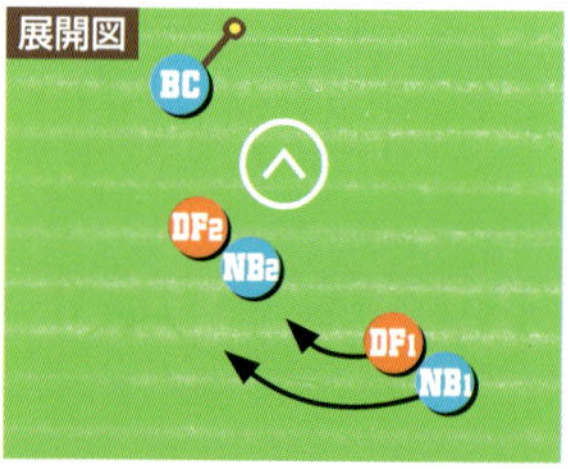

BC ボールキャリア　NB ノンボールキャリア
DF ディフェンス　ボールの位置

2 NB1の動きを助けるため、NB2が、NB1をマークしていたDF1をピックにかける

3 NB1がゴール前に切り込み、ボールキャリアからパスを受けると同時にシュートを打つ

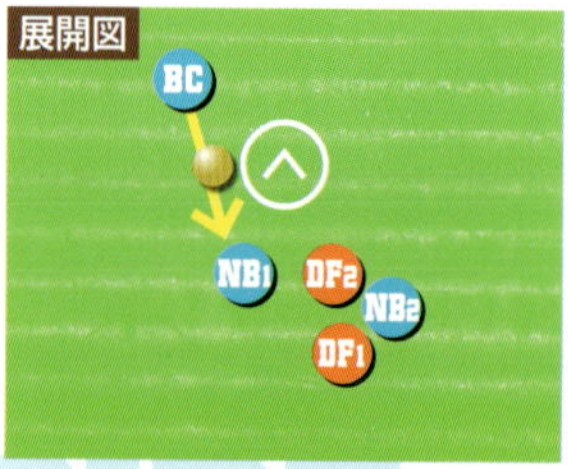

MEN'S

テク3 リピック

ピックをかけたあと、ほかの選手がふたたびピックをかけ、ディフェンスの動きを阻む。味方同士の連携が必要になるプレーだ。

1 ボールキャリアがゴール裏から攻撃を展開しようとする

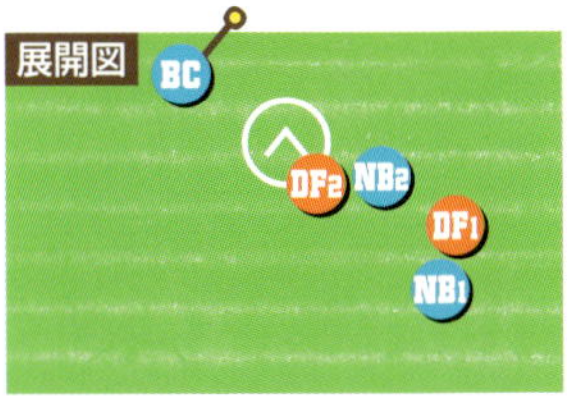

2 NB1の動きを助けるために、NB2がDF1にピックをかける

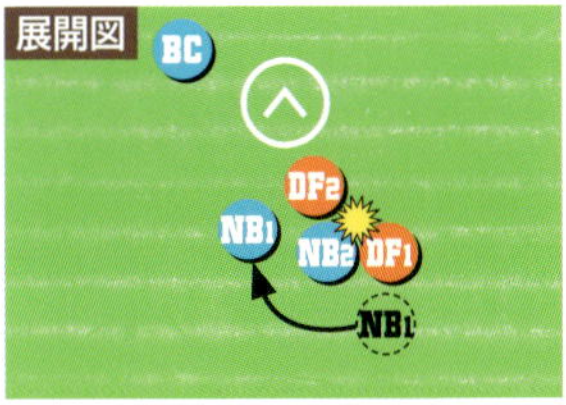

3 DF2がスイッチをしてNB1についてきたら、さらにNB1がDF2をピックにかける

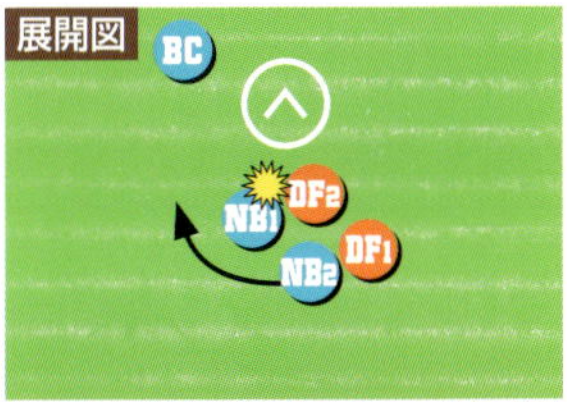

CHECK!

NB1がDF2の動きを抑え込むことで、NB2の動きを助ける。

4 フリーになったNB2はゴール裏からパスをもらい、ゴールをねらう

WOMEN'S

ピックプレーを効果的に使おう

■女子のピックの注意点

女子の試合でも、ピックプレーを効果的に使うことができれば、試合を優位に運ぶことができる。しかし女子は防具を身につけていないため、男子とくらべるとピックに際しての制約がある。

おもな注意点は、以下の2つ、ディフェンスの視野の外から進路に入ってはいけないという点、またピックをかけている時に静止した状態でいなければならないという点である。これらの注意点を頭に入れ、ピックの練習に取り組んでほしい。

〈ピックに際しての注意点〉

1 相手ディフェンスの視野外から入ってはいけない

女子の場合は防具を身につけていないため、ひとつの接触が事故につながる恐れがある。そのため、ディフェンスの視野の外から突然進路に入り、ピックを仕かける行為は危険なためファウルとなる。ピックを行なうにあたっては、きちんと相手ディフェンスが衝突を避けられるよう十分な間隔（肩幅ほど）を空けなければならない。

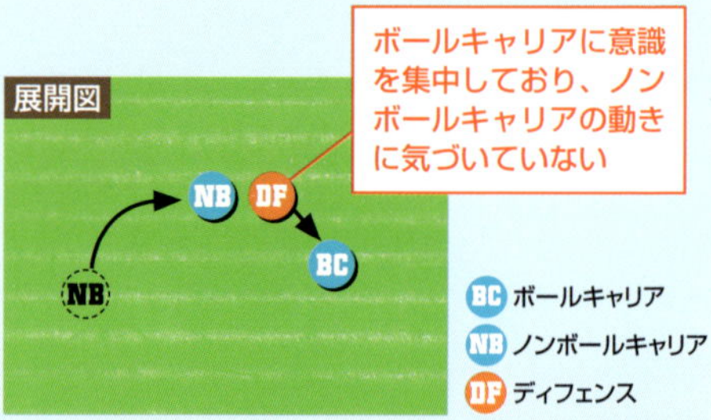

2 ピック中に動いてはいけない

ピックをかける時、相手の動きを押さえようとしてみずから相手に当たりにいくプレーもファウルとなる。ピックに入る時は、静止した状態で、体の幅以上に腕や足、スティックを出さないようにする。

静止した状態で相手にぶつかられる分には構わない

テク1 ディフェンスの進路を限定する

ここからは具体的なピックの方法を紹介していく。ゴール裏にボールキャリアがおり、ノンボールキャリアのひとりがボールをもらいに行く。その時、よりよい状況でパスを受けることができるよう、ほかのノンボールキャリアが相手ディフェンスに対してピックをかける。

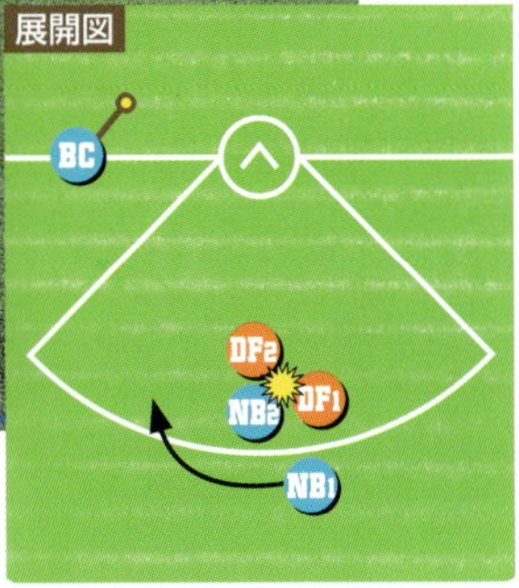

ボールの位置

1 NB1がボールキャリアからボールをもらいに動く時、DF1がその動きについてこれないよう、NB2がピックをかける

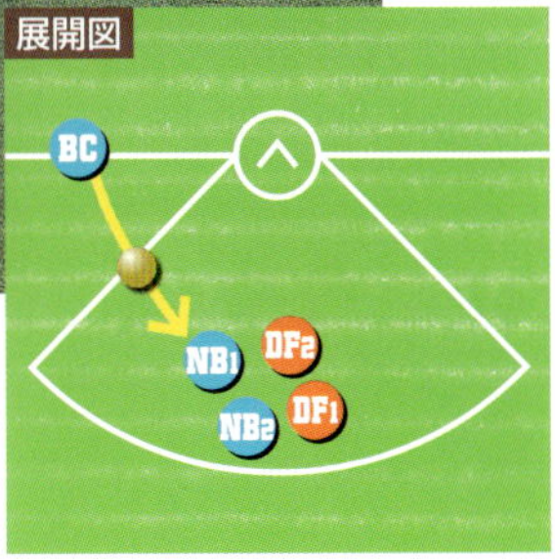

2 NB1はボールキャリアからパスをもらい、ゴールを目指す。NB2をマークしていたDF2にディフェンスされないように振り切る

テク2 ピック&ゴー

ピックをかけたあと、ディフェンスの注意が逸れている隙にゴール前へ向かう。密集している時にうまくディフェンスの隙を突いて、スペースを生み出そう。

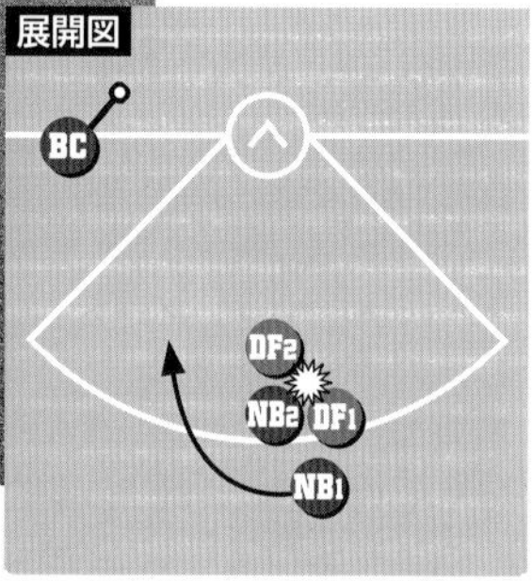

1 NB1がフリーになれるよう、それをマークしているDF1にNB2がピックをかける

BC ボールキャリア　NB ノンボールキャリア
DF ディフェンス　ボールの位置

2 NB1がゴール前に切り込む。しかし、NB1はDF2に対応されてフリーになれない

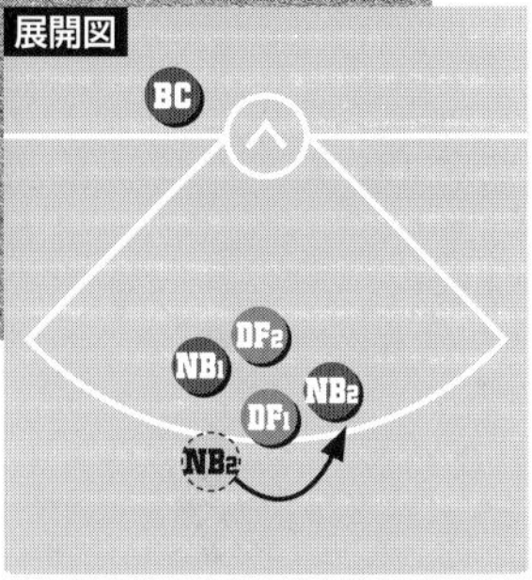

3 DF2とDF1の意識がNB1にいっている間に、NB2がカットイン（この時、ピックをかけていたNB2はDF1の背後をとり、相手よりボールに近い位置を奪うことが重要）

↓

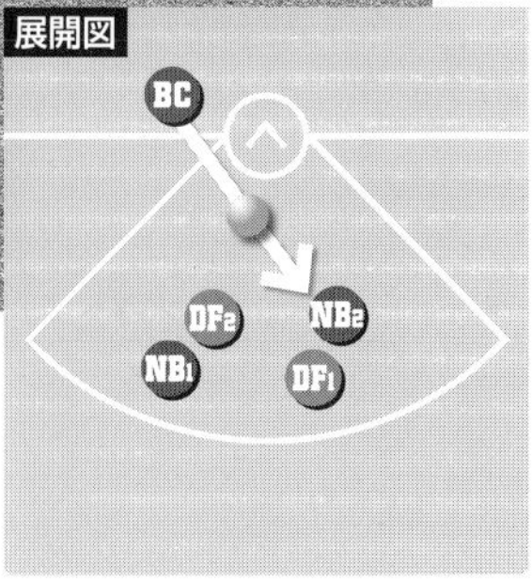

4 反応が遅れたディフェンスを尻目に、NB2はボールキャリアからボールを受け取り、ゴールを狙う

DEFENSE SIDE

ディフェンスの動き方②

ノンボールキャリアの動きに翻弄されないためにはどういうことを心がけたらいいのか。ここではノンボールキャリアの動きに対するディフェンスを解説する

オフェンス側の考えを読み、ディフェンススペースを守ろう

いかにスペースを奪われないか

ディフェンスの大前提は、オフェンス側にいいスペースを奪われないようにすることである。ゴールをねらってくるオフェンス側の動きに対して、ディフェンス側は自分のディフェンススペースをいかに守ることができるか、いかに確率の低いシュートを打たせるかがポイントとなってくる。

ここで意識してもらいたいことが、オフェンス側のノンボールキャリアの動き方である。本書でもすでに解

SCENE 1

立ち位置

ボールキャリアと自分のマーク選手、両方の動きに対応できるような立ち位置が求められる。

➡P100

SCENE 2

スペースを奪わせない

ボールの状況を常に確認し、相手のスペースを取りにくる動きに対応できる準備をしておく。

➡P101

SCENE 3

ノンボールキャリアの動きに対するディフェンス

ノンボールキャリアの動きに対して、どう動けばよいのか。それぞれのプレーに対するポイントを解説。

➡P102

説しているように、ノンボールキャリアはスペースを生むためにさまざまな動きをしてくる。それをあらかじめ頭に入れておき、オフェンス側の行動に対してどう動けばいいのかをシミュレーションしてみよう。攻守は表裏一体であり、オフェンス側の思考を読みとることができれば、自ずとそれを食い止めることができるはずだ。

SCENE 1

立ち位置

ボールキャリアとノンボールキャリア両方に対応できるようなポジショニングをとろう

■全体に意識を向ける

マークを中心に守る時、ディフェンス側が心がけたい点は、ボールキャリアと自分のマーク選手の両方を把握できる位置に立つことだ。両方の動きに対応できるような一定の間合いを取り、そしてボールキャリアとノンボールキャリアを３：７ぐらいの配分で意識する。スペースを中心に守る時は、意識をボールキャリアに向ける。

SCENE 2

スペースを奪わせない

ボールの状況を常に確認し、相手のスペースを取りにくる動きに対応できる準備をしておく

■ボールの状況を常に把握する

スペースを守るうえで重要な点は、ボールがどう動いているのかを常に把握しておくことだ。自分のマーク選手にだけ気を取られているのではなく、首振りなどでボールの動きを確認し、どう守ればスペースを奪われずにすむかを考えながらディフェンスをしよう。

1 ゴール前のスペースをねらってくるオフェンスに対して、スペースを奪われないよう、どちらの動きにも対応できる間合いを意識しながら動く

展開図

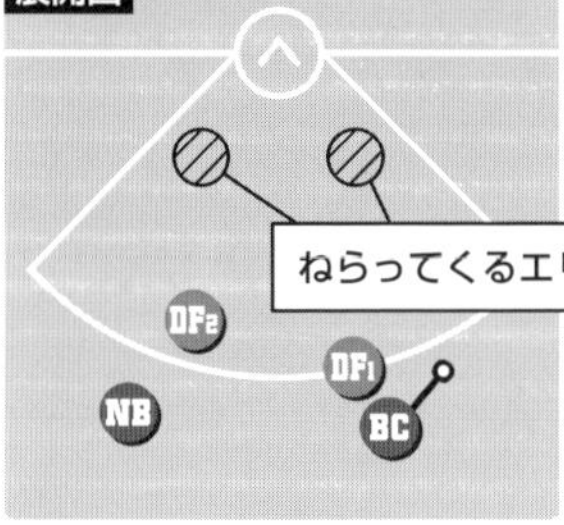

BC ボールキャリア　NB ノンボールキャリア
DF ディフェンス　ボールの位置

2 スペースを取られないよう、両者をけん制しながら動く

展開図

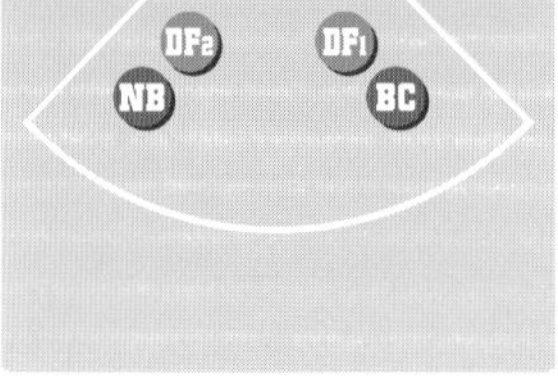

SCENE 3

ノンボールキャリアの動きに対するディフェンス

ノンボールキャリアをフリーにしないためにはどのようなディフェンスを心がければいいのか、それぞれのプレー別に解説する

■自由にさせない

ノンボールキャリアをフリーにしてしまうと、オフェンス側に肝心のスペースを奪われ、失点につながってしまう。ボールキャリアの動きに目がいきがちだが、ノンボールキャリアの動きも同時につかむディフェンスを心がけよう。

テク1 ミートに対してどう動けばよいのか

ここでのノンボールキャリアの動きの選択肢はふたつ。ひとつはパスをもらう振りをしてディフェンスを引きつけること。もうひとつは、実際にパスをもらってスペースに走り込むことである。これらの動きを想定してディフェンスをすることが求められる。

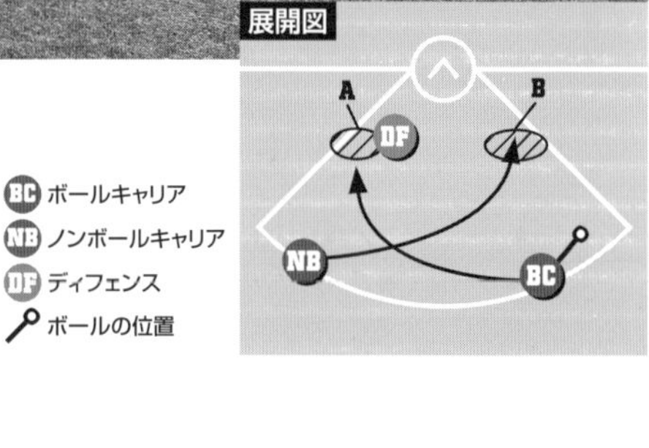

1 ノンボールキャリアがパスをもらいにBスペースへと走る。しかしこれについていくとボールキャリアにAスペースをとられる

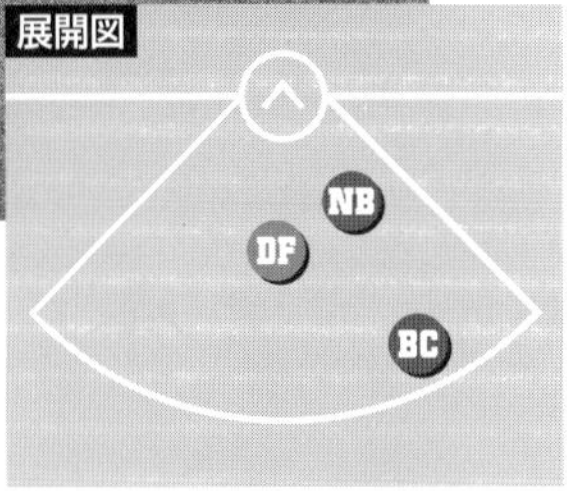

2 両プレーに対応できるよう、一定の間合いを保ちながら両者を見る。カットの動きに翻弄されない

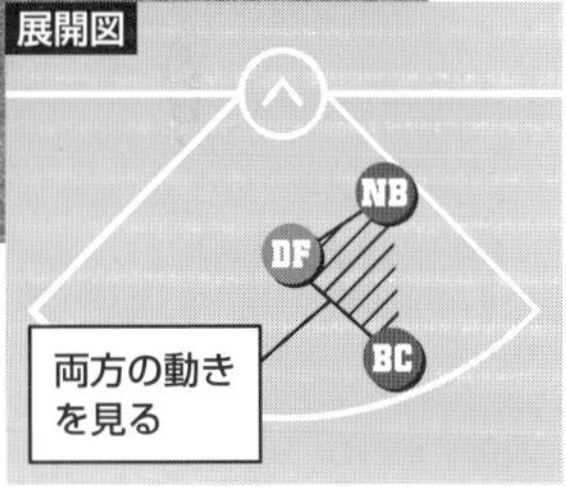

3 ボールキャリアとノンボールキャリアの両方を視野に入れ、確率の低いシュートを打たせるよう心がける

ADVICE

スペースを取られなければいい

ボールキャリアやノンボールキャリアの動きにあわて、その動きにつられてしまってはいけない。あくまでも大原則として、自分の守っているスペースを奪われなければいいと考えよう。いいスペースを奪われなければ、確率の低いシュートを打たせることになる。

テク2 プルアウェイに対してどう動けばよいか

プルアウェイは、ディフェンスの死角をついて外に展開する動きだ。この時に注意したいのが、視野を広く持つこと。最後の最後まで、オフェンス側がどういう攻撃でくるのかを見極め、それに対して自分のスペースをどうすれば守れるのかを考えよう。

1 相手が死角をねらってくることを意識する

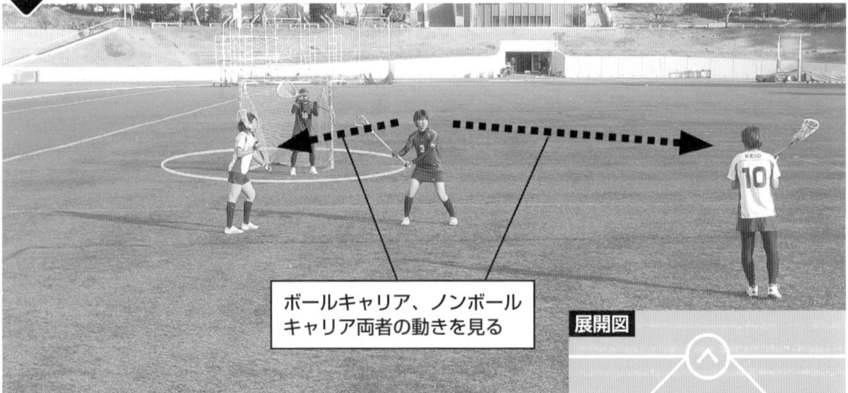

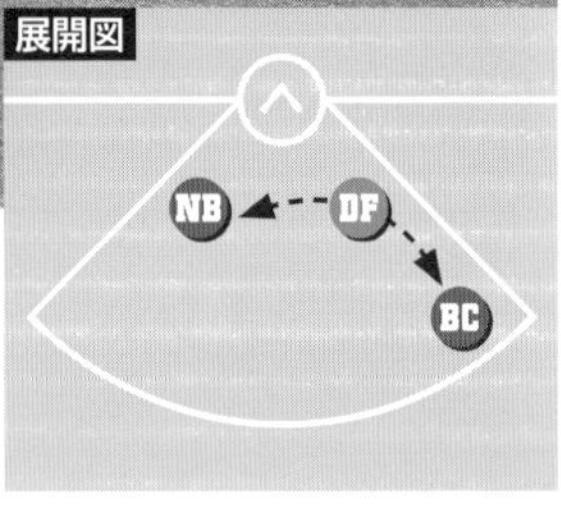

2 ノンボールキャリアの動きを意識しつつも、突破を許さないよう、いつでもディフェンスできるポジショニングをとる

3 基本のポジショニングをとり、スペースを埋め、確率の低いシュートを誘う

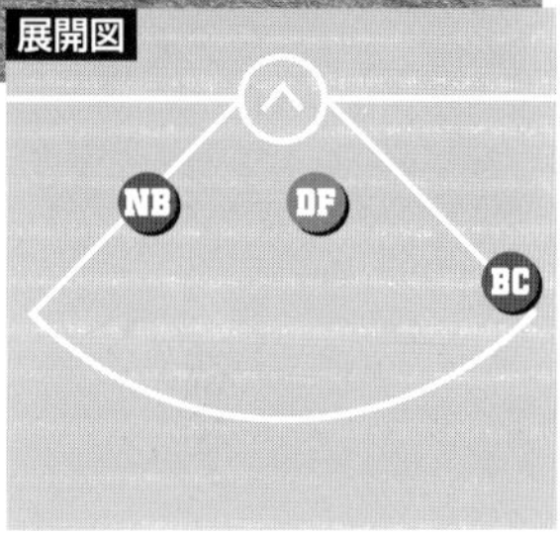

ADVICE

いかに相手から攻撃の選択肢を失わせるか

たとえばオフェンス側が予測もできない攻撃を仕かけてきた時は、点を取られてしまう確率は高い。このような状況をふせぐためにディフェンス側が心がけたいことは、いかにオフェンス側の行動を予測できる状況に追い込むかである。攻撃側がもつ複数の選択肢のなかで、そのひとつひとつをつぶすことができれば、自ずと攻撃パターンも絞られ、ディフェンスがしやすくなる。

写真はスティックを使い、パスコースを限定しているところ（スティックアップ）

テク3 バックドアに対してどう動けばよいか

　ボールキャリアの突破に意識が集中してしまうと、ノンボールキャリアのバックドアカットに対応することはできない。周囲の状況を判断し、攻撃側の選択肢を読み取ると同時に、いかに選択肢をつぶすか、スペースを守るかということを意識して動く。

1 ボールキャリアがゴールをねらう。それに合わせてノンボールキャリアがバックドアカットをねらってくる

BC ボールキャリア
NB ノンボールキャリア
DF ディフェンス
ボールの位置

2 突破のみに対応していたらノンボールキャリアがバックドアカットでスペースに入ってくるので、スペースを取られないよう動く

テク4 フロントカットに対してどう動くか

ボールの状況とノンボールキャリアの位置関係を把握し、後ろのスペースをとられないよう、フロントカットを仕かけるように仕向けるのもひとつの手だ。相手の選択肢をひとつにすることができれば、ふせぎやすくなる。

1 相手が自分の後ろのスペースをとらないよう、後ろに下がり、フロントカットを誘導する

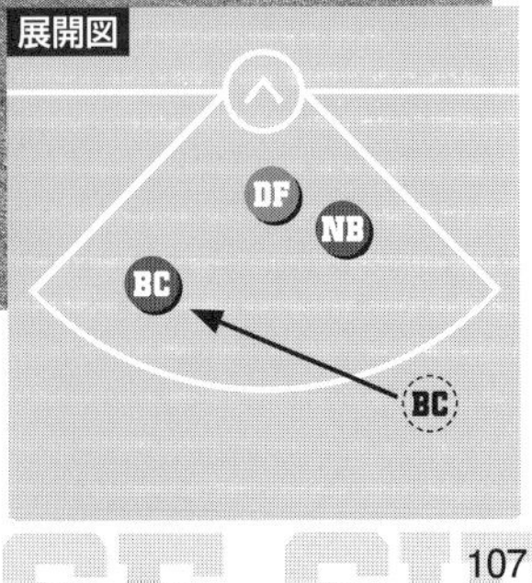

2 フロントカットをしてくる選手について並走するのではなく、ボールキャリアからノンボールキャリアへのパスコースをふせぐように守る

第3章

ポジション別の動き方を把握しよう！

ゴーリーの動き、フェイスオフ、ドロー。
どのプレーも個人の技量が問われる。
それぞれのプレーについて、何を意識すべきか、
大切なポイントを解説する

■■ポジション別の動き方①

ゴーリーの動き方

BASIC 基本のポジショニング

ゴールを守るにあたり、まずはポジショニングを意識してほしい。ポイントはスティックをどの位置にも持っていけるように力を抜いて構えること、シュートコースの読み方、スティックの出し方だ。

〈正面から見た時〉

ゴーリーはディフェンスの要であるとともに、攻撃の起点でもある特殊なポジションだ。ここでは、ゴーリーの動き方について解説する

〈横から見た時〉

ADVICE

ゴール前でボールをさばく

ゴールよりもやや前で構えることで、シュートコースの幅を狭めることができる。そうすれば動かなければいけない領域も狭まるので、シュートコースを限定しやすくなり、セーブ（ボールを捕る）しやすくなる。

〈横から見た時〉

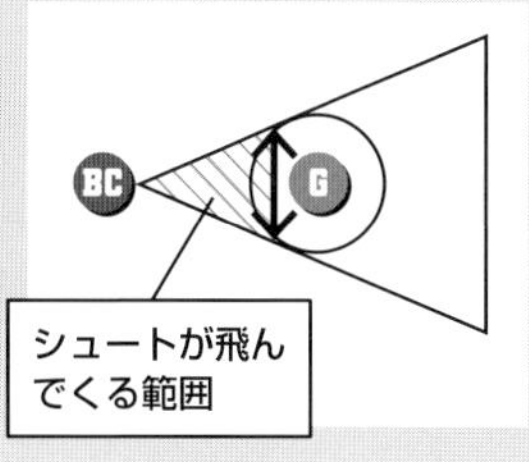

MEN'S シュートスピードに対応する

男子の場合、シュートスピードは時に時速170キロにも及ぶ。そのため、ゴーリーはそのスピードに対応する反応が要求される。スピードに対応するために意識してほしいのは、ゴールの中心に立つことだ。上下左右の空きスペースをなるべく均等にすることを意識し、どの方向にボールがきても柔軟に対応できるようにしよう。

相手オフェンスの動きに翻弄されず、いずれの方向にも片寄らないように立つ

横から攻められた時も、後ろにあるゴールの空きスペースが片寄らないように意識する

PRACTICE

ゴールの裏側に立ち、シュートコースを予測する

まずはシューターとゴーリーの代わりを準備し、自分はゴール裏に立つ。その状態でどんどんシュートを打ってもらおう。この時、シューターの手の角度、動きに応じてシュートがどこに飛んでくるのか、コースを予測しながら見る。この練習でシュートの方向が読みやすくなり、セーブにもつながる。

ただ見るのではなく、実際にスティックを動かしながらやってみよう

STEP UP! 攻撃の起点であることを意識

ボールをキャッチした次の瞬間に攻撃を展開することができれば、速攻が決まりやすい。自分が守備の要であると同時に、攻撃の起点でもあることを認識しよう。

1

シュートをキャッチ。この時点では相手のオフェンスが自陣に戻りきれていない

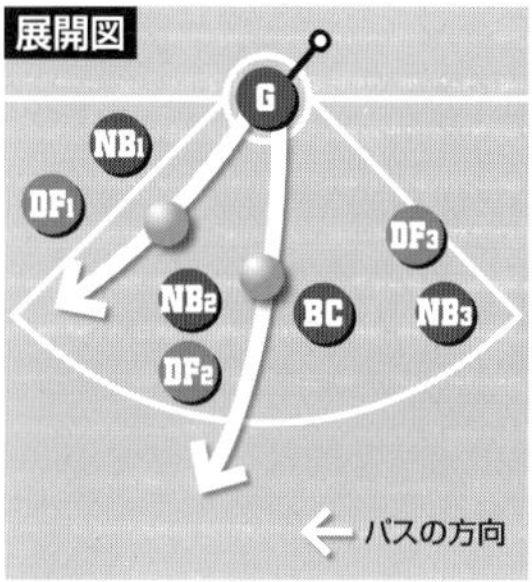

BC ボールキャリア　NB ノンボールキャリア　DF ディフェンス　ボールの位置

2

セーブ後、すぐに攻撃を展開できるよう、味方の選手にパスを出し、速攻をかける

ADVICE

ゴーリーに求められる3つのポイント

ゴーリーに意識してほしい点は、以下の３つである。ひとつ目はポジショニング。ふたつ目は自分がディフェンスのひとりだと意識すること、そして３つ目がボールを取ってからは攻撃の起点であるということだ。これら３つを常に頭に入れ、プレーをしよう。

■■ポジション別の動き方②

MEN'S フェイスオフ

BASIC ボールの捕り方を覚える

フェイスオフの際、スティックの持ち方には順手と逆手の2とおりの方法がある。自分に一番あう形を選ぼう。

〈順手〉

〈逆手〉

基本1 ヘッドの裏でおさえつけて出す―クランプ

1 ホイッスルと同時にヘッドの裏をボールにかぶせる

2 そのまま前方にかき出し、ボールを捕る

男子ラクロスの試合開始、得点後の試合再開時に行なわれるフェイスオフ。ここでは、フェイスオフのやり方を解説する

基本2 ヘッドの裏に挟み込む―ペンチ（クランプの発展形）

1 フェイスオフ開始の場面

2 ヘッドの裏にボールを挟む

3 そのままボールを投げ上げ、空中で確保し、攻撃を展開する

CHECK!

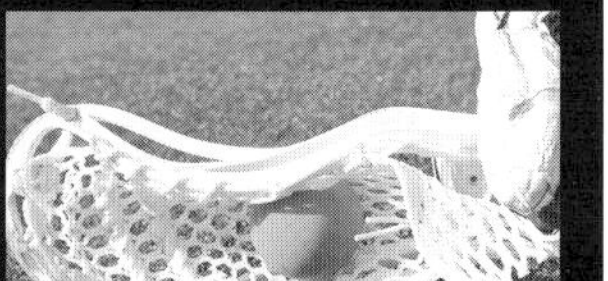

ボールを挟み込んだところ。この部分を使って、ボールを挟む。挟んだボールがヘッドから離れないとファウルになる。

基本3 ボールの前にヘッドを出す―ジャンプ

1 フェイスオフ開始

2 ホイッスルと同時にスティックをボールの前に出す

CHECK!

相手のヘッド部分をおさえて主導権を握るとともに、ボールをキープする。

3 そのままボールをかき出す

基本4 相手がおさえつける前にかき出す―レイク

1 フェイスオフ開始

2 相手がジャンプをねらいヘッドを上げた瞬間、ヘッドの側面を使い、前にかき出す

ADVICE

フェイスオフの相性

ここまで4つのパターンを紹介してきたが、これらには相性のいいプレー、悪いプレーがある。たとえばレイクはジャンプに強く、ジャンプはクランプに強く、クランプはレイクに強い。すべてのプレーを網羅することは難しいので、まずは自分の得意なプレーを見つけ、極めよう。ひとつのプレーを極めれば、すべてのプレーに勝つこともできる。

■■ポジション別の動き方③

WOMEN'S ドロー

BASIC スティックの構え方

　ドローは両チームの選手がヘッドの裏でボールを合わせ、ボールを上に向かって飛ばす形で行なわれる。ドローには「押す」ドロー、「引く」ドローがある。

〈「押す」構え方〉

ADVICE

ドローのポイント

　ドローに求められるのは、力よりも反応の速さだ。相手よりも先に、自分のスティックをボールに引っかけられる角度に入れることができるかがポイント。また、飛ばしたい方向にボールを出すために、どれぐらいの力をかけるか、ドロー後にいかにすばやく動けるかが求められる。

〈「引く」構え方〉

女子ラクロスにおいて、試合開始時、得点後の試合の再開時に行なわれるのがドローだ。ここではドローの構え方、基本的な方法について解説する

基本1 スティックを引く

1 腰を落として構える

2 スティックを上げると同時に、自陣方向にボールを飛ばす

ADVICE

ドローの飛ぶ方向を予測する

ドローは相性がはっきりと出るので、相手チームの選手のドローコントロールを利用し、あえて相手チームの選手がボールを飛ばす方向に味方選手を多く配置するのもひとつの手だ。ドローサークルの周囲にどう選手を配置するかも戦略上重要である。

基本2 スティックを押す

「引く」ドローと意識したい点は同じ。こちらもヘッドのフレームをうまく使い、ボールを裏面に乗せるようなイメージで行なう。自分が飛ばしたい方向に向かって、スティックを押し出そう。

1 スティックを構える

2 スティックを上げると同時に自分の飛ばしたい方向に押し出す

ADVICE

スティックが動く方向にボールは飛ぶ

当然のごとく、ボールはスティックが動く方向に飛ぶ。この時に意識したいのが、ボールをどの方向に飛ばすのかということ。相手チームの選手よりもドローが強いのであれば自陣側に選手を多く配置すればいい。

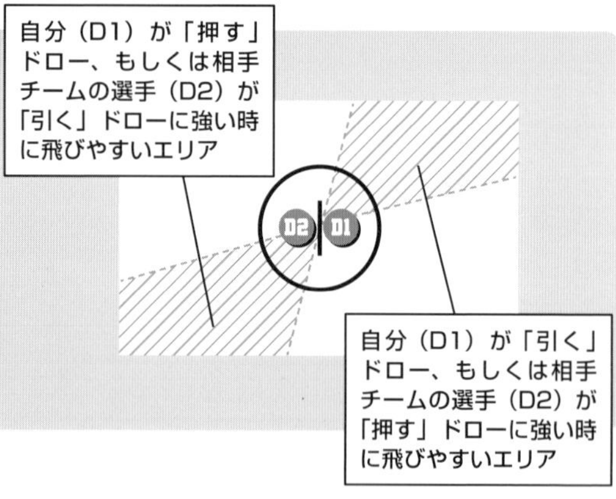

STEP UP! ボールを自分の望む方向に飛ばす

ドローの際、ボールを思いどおりの方向にコントロールすることができれば、ドロー後のダウンボールを得ることができ、試合を優位に進めることができる。４人までなら、ドローサークルの外側のどこに立ってもいいので、きちんと作戦を立てたうえで試合に臨もう。

〈ドローのポジショニング〉

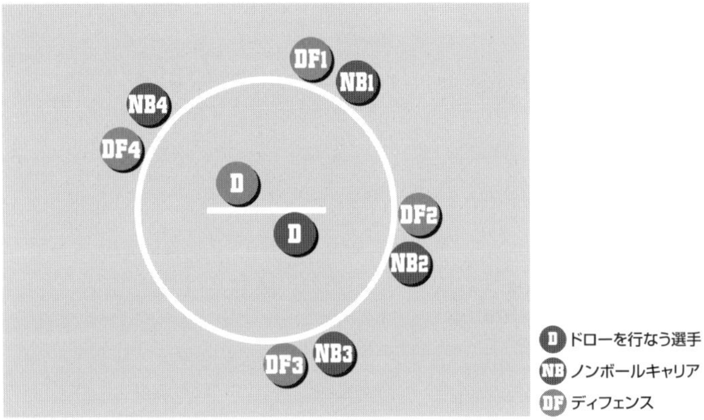

テク 上げた瞬間に自分で捕る

高度なテクニックのひとつに、ドローの選手が自分でボールを捕るというやり方がある。相手選手との力関係を踏まえ、自分の方が勝っているのであれば、このテクニックを用い、すばやく攻撃を展開するのもひとつの手だ。

1 自分の方にボールが飛ぶようにコントロールする。この時、強く上げ過ぎないこと

2 確実に捕り、自陣のボールにする

第4章

ラクロスのルール

この章ではラクロスのルールを解説していく。
ルールをしっかりと把握した上で、試合に臨もう

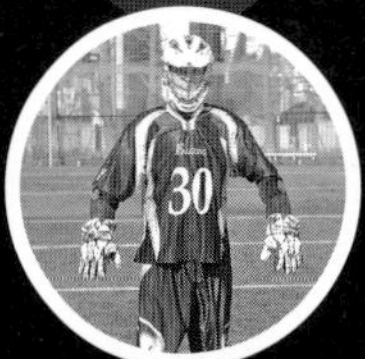
30
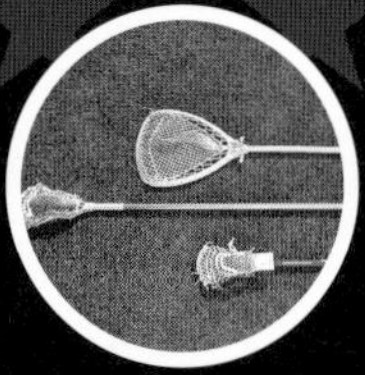
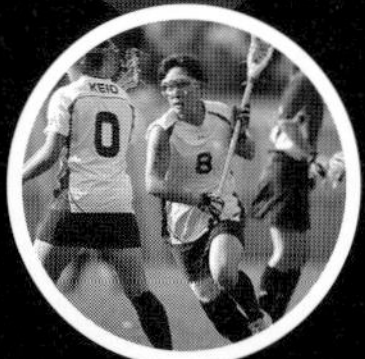
KEIO
0
8
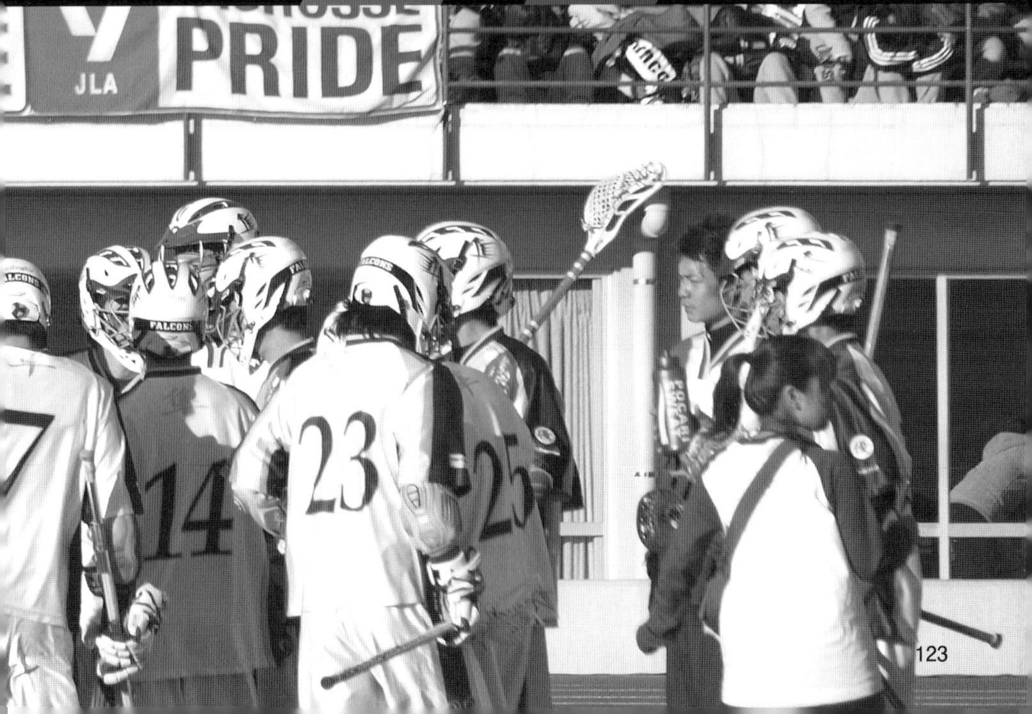
JLA
PRIDE
FALCONS
14
23
25

用具解説

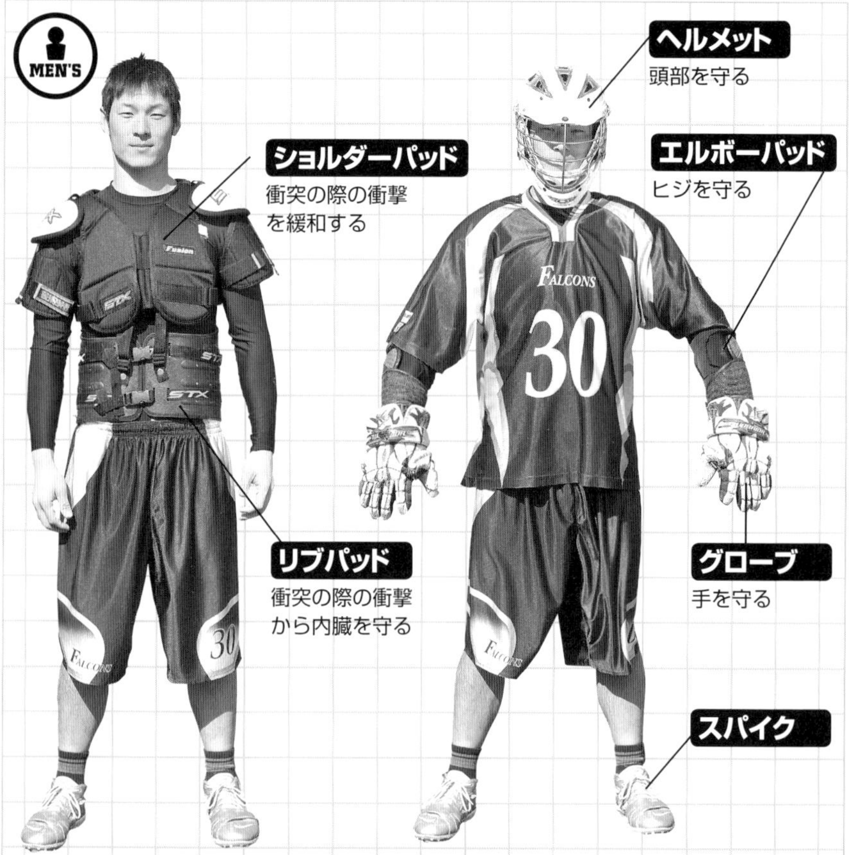

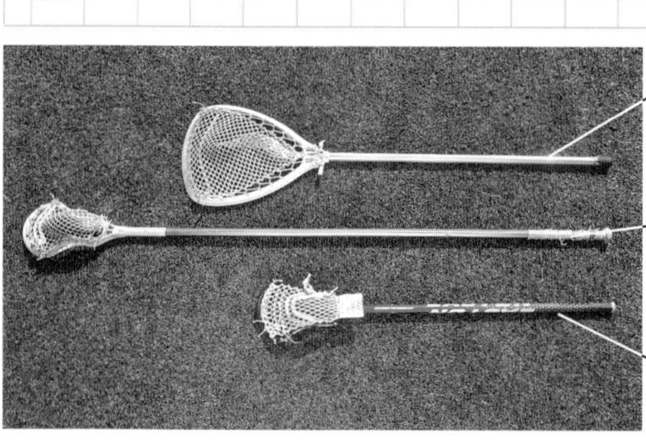

ゴーリースティック
101.6センチ～182.88センチ

ロングスティック
132.08センチ～182.88センチ

ショートスティック
101.6センチ～106.68センチ

ラクロスにおける基本用具を、男女別に解説する

WOMEN'S

マウスピース

口まわりへの衝撃を和らげ、歯やくちびる、舌などを守る。ゴーリーを除くプレイヤーは、全員マウスピースの着用が義務づけられている

アイマスク

ボールから目を守る。昨今、着用する選手が多くなっている

シャツ

チームによって形は異なる

スカート

チームにより形は異なる

グローブ

スティックから手を守る

スパイク

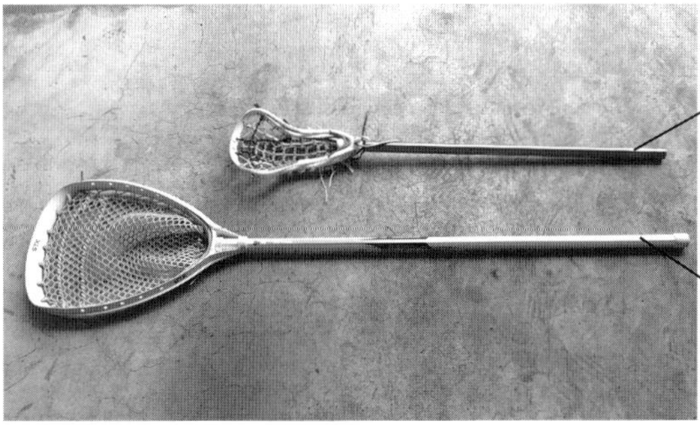

スティック

90センチ～110センチ

ゴーリースティック

90センチ～135センチ

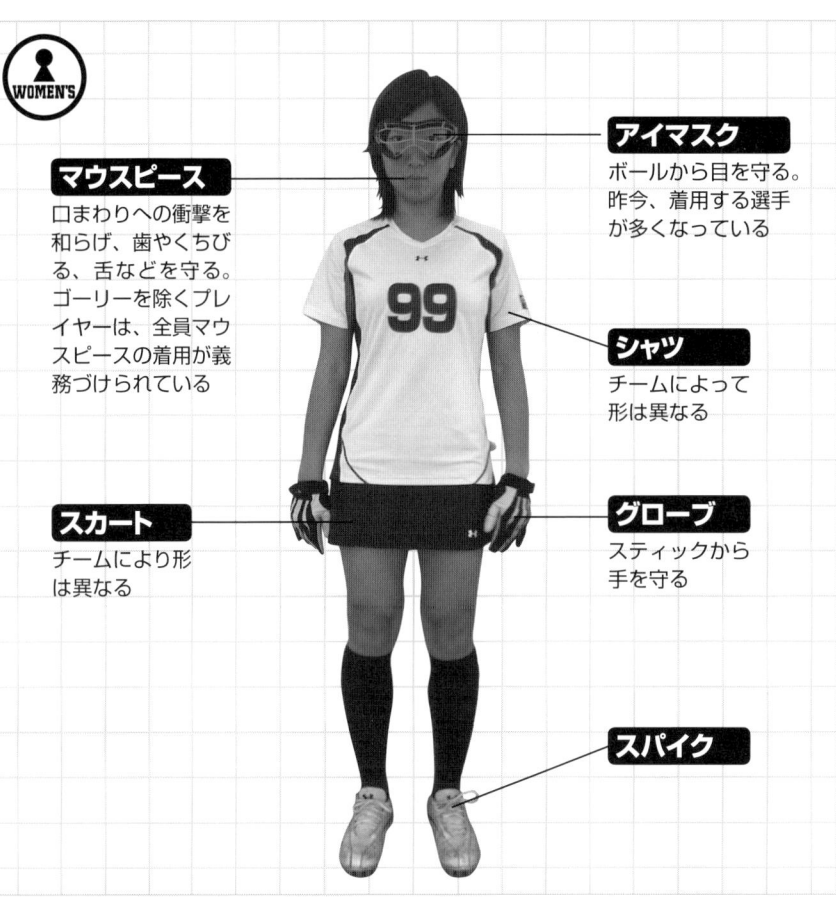

男子ラクロスのルール

ルール1 フィールド

ウイングエリア

ホイッスル後、ウイングエリアの選手はボールを追いかけることができる

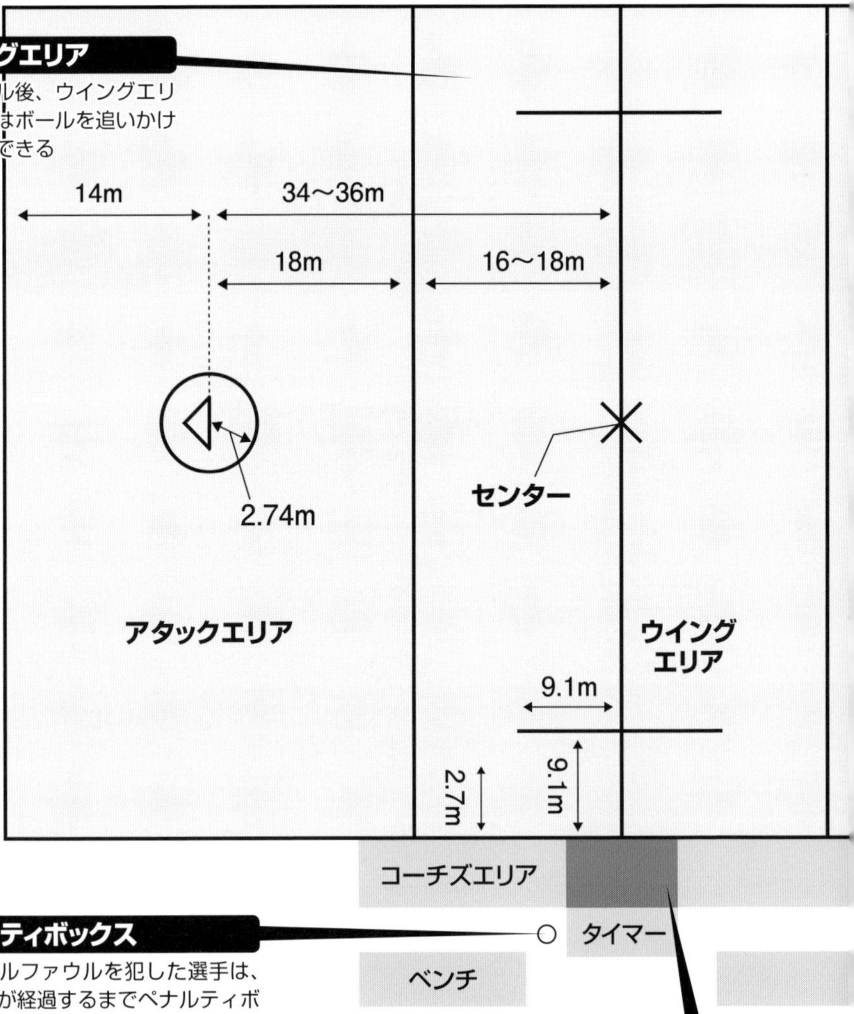

ペナルティボックス

パーソナルファウルを犯した選手は、指定時間が経過するまでペナルティボックスに入っていなければならない

サブスティテューションエリア

選手の交代を行なう

地上最速の格闘球技と呼ばれる男子ラクロス。しっかりとルールを覚え、試合の醍醐味を味わおう

サイドライン

ボールがサイドラインを割った時、ボールを出したチームとは逆のチームボールとなる

エンドライン

シュートが外れてエンドラインを割った時、ボールに一番近くにいた選手のチームボールとなる

ゴールクリース

半径2.74メートルの円。ゴーリー以外は入ることができない

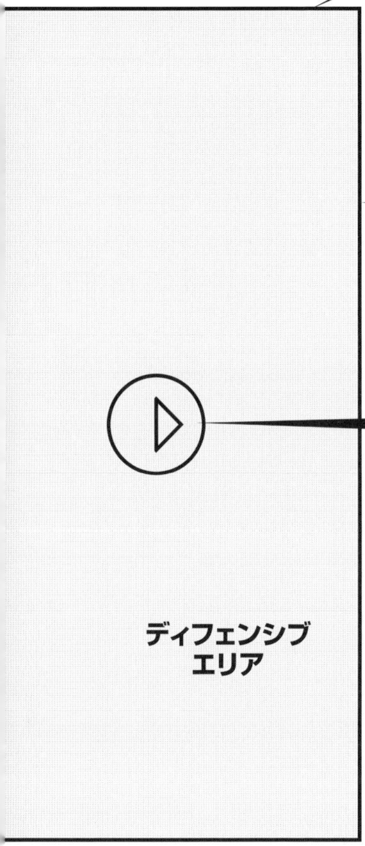

男子ラクロスの試合は、長さ96～100メートル、幅48～55メートルの長方形のグラウンドで行なわれる。グラウンドの中央にはセンターラインが引かれ、さらにその中央で試合開始のフェイスオフが行なわれる。

そのセンターラインから16～18メートルのところにラインが引かれ、そのラインで挟まれたエリアを、ウイングエリアと呼ぶ。そしてそのラインから自陣のゴール側がディフェンシブエリア、敵陣のゴール側がアタックエリアとなっている。

男子ラクロスのフィールド外には、女子ラクロスとは異なり、ペナルティボックスが置かれている。パーソナルファウルを犯した選手は、一定時間そこに入らなければならない。

ゴールの大きさは女子ラクロス同様183センチ×183センチのもので、その周囲には半径2.74メートルのゴールクリースが引かれる。

ルール2 試合の流れ

男子ラクロスの試合は4クォーター制、1クォーター20分間で行なわれる。クォーターの間には休憩時間が割り当てられており、第1、第2クォーターの間は2分間、2クォーター終了後のハーフタイムは5～10分間、そして第3、第4クォーターの間は3分間である。また、各クォーターごとにサイドチェンジを行なう。試合開始、得点後の試合再開はフェイスオフから始まる。

男子ラクロスの試合は、フェイスオフから始まる

試合時間

オーバータイム

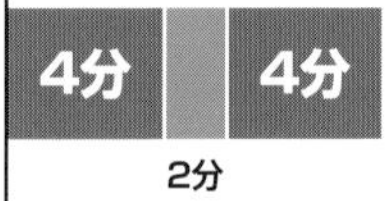

既定の試合時間が経過しても同点の場合は、延長戦（オーバータイム）を行なう。

サドンデスオーバータイム

オーバータイムでも同点の場合は、サドンデスオーバータイムが行なわれ、どちらかのチームが得点した時点で試合は終了となる。

競技人数

スターティングメンバー

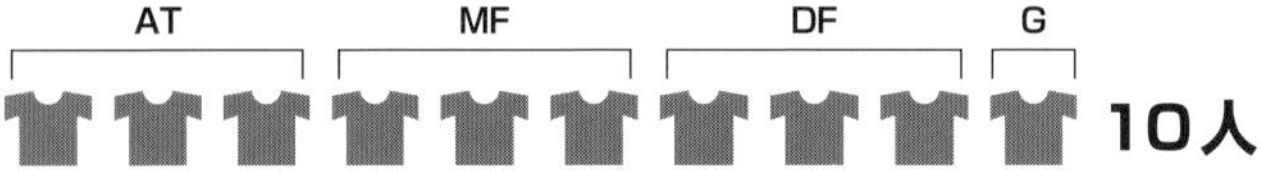

ベンチメンバー

1試合で最大26人まで登録することができる。

ルール3 ポジションとその役割

男子ラクロスのスターティングメンバーは計10人となっており、その内訳は、アタックが3人、ミッドフィルダーが3人、ディフェンダーが3人、ゴーリーがひとりである。またそれ以外で、試合開始のフェイスオフに特化した選手がいるチームもあるが、日本ではミッドフィルダーの選手がフェイスオフを行なう場合が多い。またチーム内でロングスティックの使用は4本まで許されており、ディフェンスやミッドフィルダーの選手がロングスティックを扱うケースがほとんどだ。

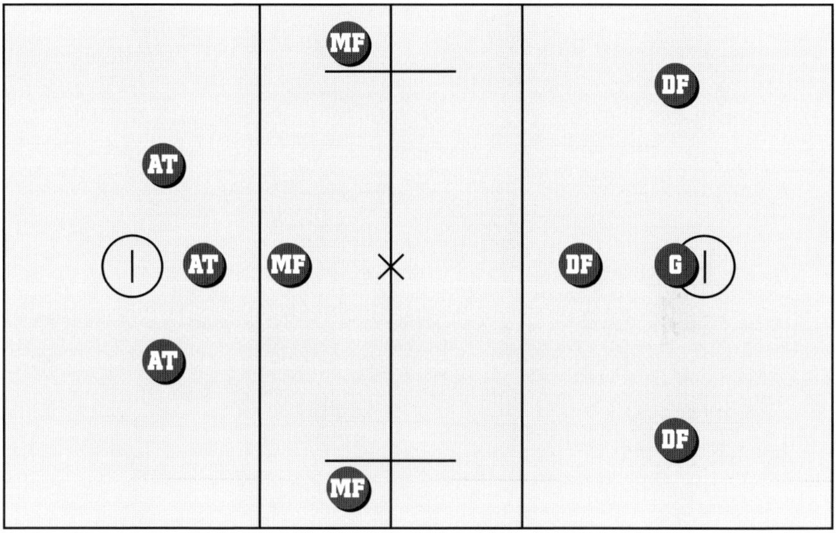

AT (Attacker)	DF (Defender)
ポイントゲッター。攻撃専門	守備の専門家。ロングスティックを扱う
MF (Midfielder)	**G** (Goalie)
ゲームメーカー。攻守にわたる動きが求められる。オフェンス、ディフェンス専門の選手もいる	チームの要
LMF (Longstick Midfielder Mid Fielder)	**FACEOFFER** (Midfielder)
ロングスティックを持ったミッドフィルダー。ボールを奪い、オフェンスに参加する	試合開始、得点後のフェイスオフを行なう。海外ではこれに特化した選手もいる

■■ラクロスのルール

男子ラクロスのおもなファウル

■テクニカルファウルとパーソナルファウル

男子ラクロスでは、ファウルはテクニカルファウルとパーソナルファウルに大別される。反則の度合いが重い方がパーソナルファウル、あまり重度ではないものがテクニカルファウルである。テクニカルファウルを犯した場合、反則をした選手は30秒間のペナルティタイムが科せられ、相手チームのボールから試合が再開される。パーソナルファウルを犯した場合はよりペナルティが厳格となり、１～３分間の退場が科せられる。

ファウル 1 テクニカルファウル

プッシング

ボールに向かっている選手を背後からチャージした（押した）時、また、ルーズボールから2.74メートル離れた地点で相手選手を押した場合、ファウルとなる。1の写真は、前方から相手選手を押しており、スティックではなくしっかりとグローブで押しているのでセーフとなる。2の写真は後ろから相手選手を押しているので、ファウルとなる。

ホールディング

スティック、または体によって相手の自由な動作を押さえつけた場合や、スティックによって相手をホールドした場合に適用される。

ここでは、男子ラクロスのおもなファウルについて解説していく。どこまでがセーフで、どこからがアウトなのか。しっかりと体感し、技術を磨こう

ファウル 2 パーソナルファウル

イリーガルボディチェック

ルーズボールや空中のボールから2.74メートル以上離れている選手に対するボディチェックはファウルとなる。また、ボールを投げたあとの相手に対しての避けられるボディチェックもファウルとなる。

スラッシング

過度にスティックを振り回したり、相手選手の頭や首をスティックでたたいてはいけない。またボールを保持している選手に対して、グローブ以外の体部分をたたいてもファウルとなる。

クロスチェッキング

選手は、ステイックで相手選手を突き放したり、自分の体から離してホールドする時に、スティックを持った手と手の間のハンドル（柄）を使って相手選手をチェックすることはできない。

女子ラクロスのルール

ルール1 フィールド

女子ラクロスのプレーフィールドは、原則サイドラインが110メートル、エンドラインが60メートルとなっているが、試合会場によってはまちまちなところもある。ボールがサイドラインとエンドラインを割った時、そこから試合が再開される。サイドラインを割った時はボールを出したチームとは逆のチーム、ゴールラインを割った時はその時ボールに一番近い選手側のチームボールとなる。

フィールドのまん中にはセンターサークルが引かれ、その中心のセンターラインに沿ってドローが行なわれる。

ゴールラインからセンターサークルに25メートル進んだところにはリストレイニングラインが引かれている。この線からゴール方向にかけて、オフェンス側は8人、ディフェンス側は9人まで選手が入ることができる。

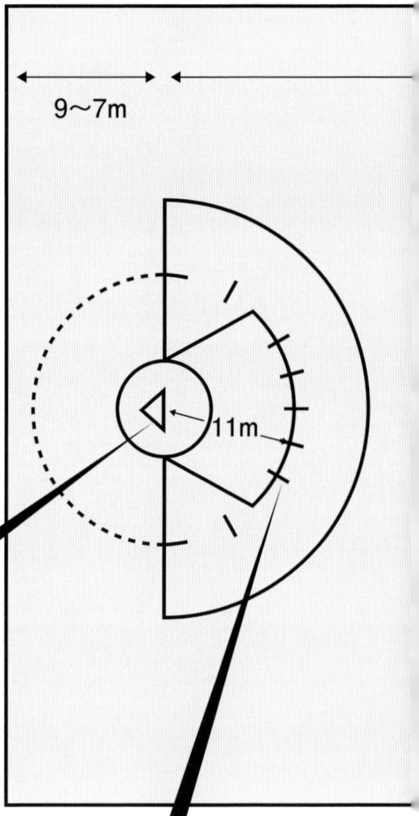

ゴール

高さ183cmのクロスバーと2本のゴールポストで構成される。ゴールクリースは半径2.74メートルで、ゴーリー以外の選手は入ることができない

ハッシュマーク

フリーシュートの際、このマークのいずれかから始まる

基本的なルールを知らずにプレーをすることはできない。ほかのスポーツにはない独特な部分もあるので、プレーをしながらルールを覚えていこう

サイドライン

ボールがサイドラインを割った時は、ボールを出したチームと逆のチームボールとなる

エンドライン

シュートをしてボールがエンドラインを割った時、ボールに一番近い選手方のチームボールとなる

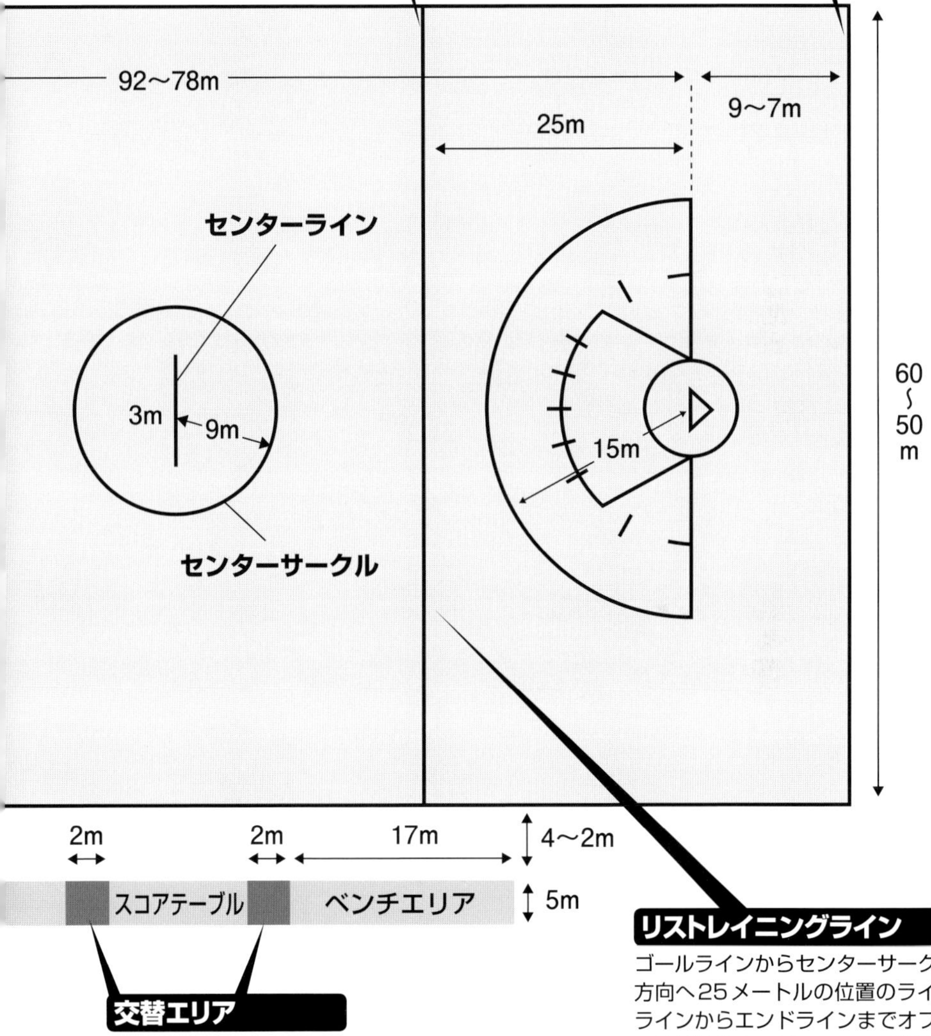

リストレイニングライン

ゴールラインからセンターサークル方向へ25メートルの位置のライン。ラインからエンドラインまでオフェンス側は8人、ディフェンス側は9人まで入ることができる

交替エリア

いつでも何人でも交替することができる

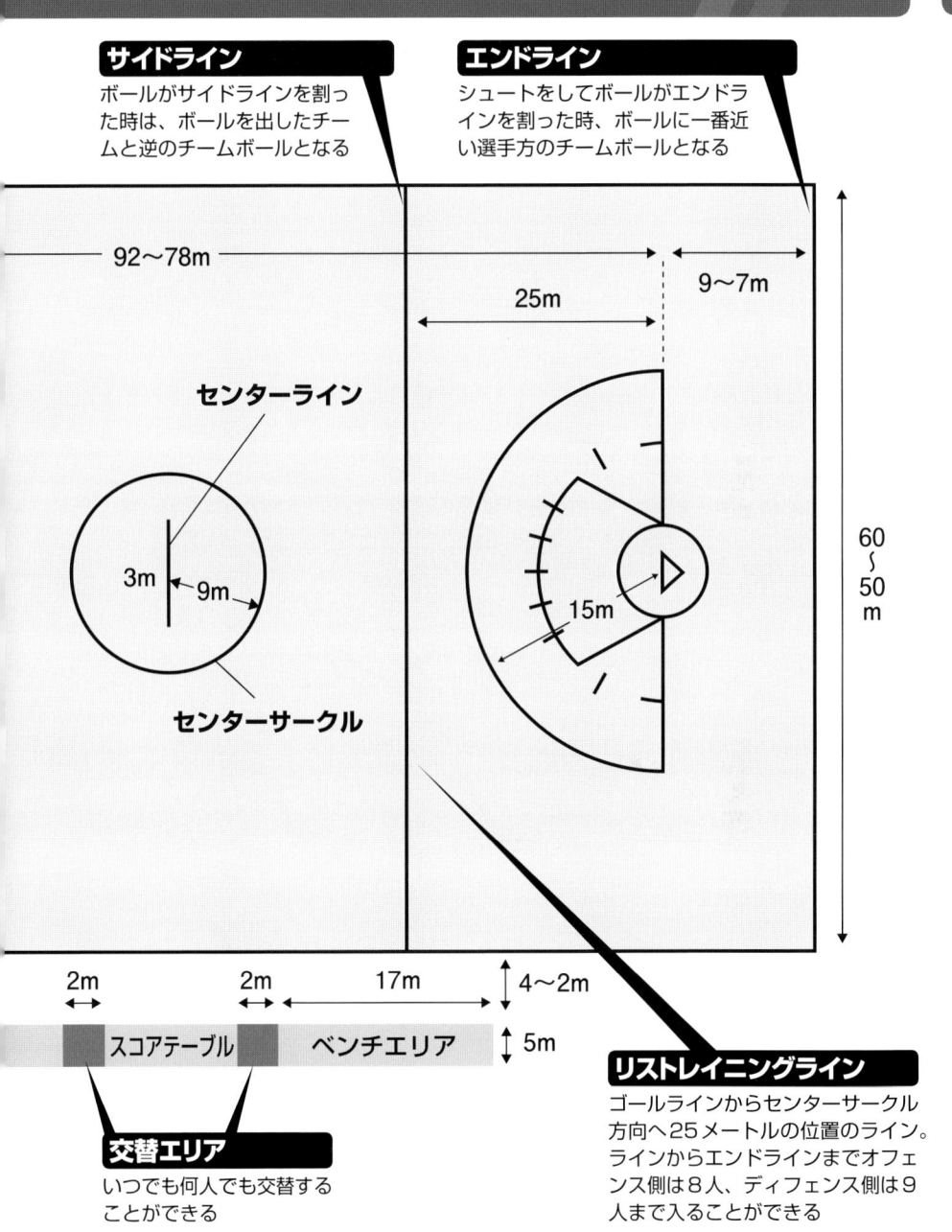

ルール2 試合の流れ

女子ラクロスの試合は前後半制となっており、前半25分、後半25分で行なわれる。前後半の間には最大10分間のハーフタイムがとられ、そこでサイドチェンジを行なう。

試合開始は、センターサークル内で行なわれるドローから始まる。また得点後の試合再開もドローから行なわれる。この時、審判がホイッスルを吹くまで、ドローを行なう選手以外はセンターサークル内に入ることはできない。

女子ラクロスの試合は、ドローから始まる

試合時間

前半	ハーフタイム	後半
25分	10分(最大)	25分

延長戦

3分 3分 所定の時間が経過し、同点だった場合は延長戦が行なわれる。

サドンビクトリー

6分 延長戦でも決着がつかなかった場合、サドンビクトリーが行なわれ、どちらかのチームが先に得点した時点で試合終了となる。

競技人数

スターティングメンバー

12人

ベンチメンバー

8人

1試合で最大20人まで登録できる。スターティングメンバーのうち、必ずひとりはゴーリーを置かなければならない。

ルール3 ポジションとその役割

女子ラクロスでは、一度にグラウンドに出ることができる選手は全部で12人。オフサイドのルール上、アタック、ミッドフィルダー、ディフェンダーの3つに大別できる（チーム構成上はアタック3人、ミッドフィルダー5人、ディフェンダー3人というチームが多い)。、そしてゴールを守るゴーリーがひとりという内訳だ。以前はもっと細かく呼び名が分かれていたが、現在はこの4種に大別される。

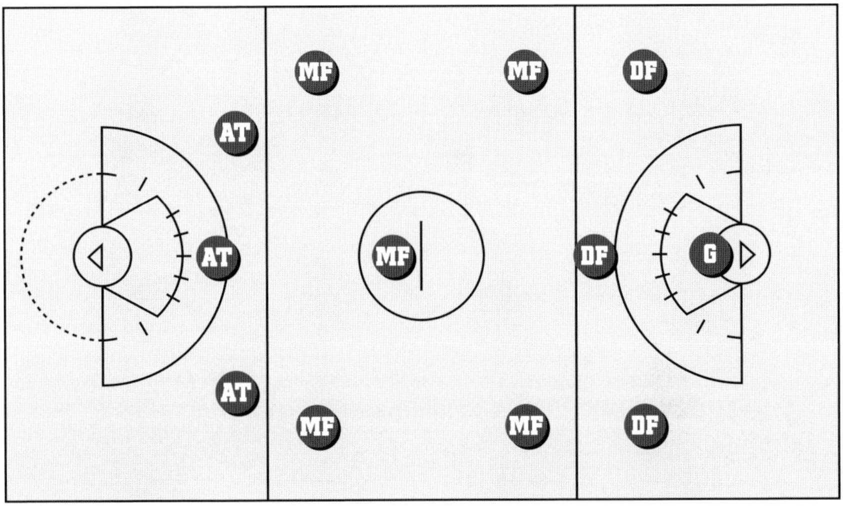

以前の呼び方	現在の呼び方
1H (First Home) **2H** (Second Home) **3H** (Third Home)	**AT** (Attacker) オフェンスの専門家
RAW (Right Attack Wing) **LAW** (Left Attack Wing) **C** (Center) **RDW** (Right Deffense Wing) **LDW** (Left Deffense Wing)	**MF** (Mid Fielder) 中盤を支配。オフェンスとディフェンスをつなぐ
3M (Thirdman) **CP** (Cover Point) **P** (Point)	**DF** (Defender) ディフェンスの専門家
G (Goalie)	**G** (Goalie) チームの要

女子ラクロスのおもなファウル

■おもなメジャーファウル

　メジャーファウルは、相手の体に危険をもたらす反則のことを指す。女子ラクロスは防具をつけていないため、相手の選手をたたいたり、接触する行為は禁じられている。ここでは、その中でも代表的なメジャーファウル４つについて解説をする。

デンジャラスチェック

　ディフェンス側の選手が、オフェンス側の選手に対してチェックを行なった際、頭部をねらったり、相手の体をたたいたりする行為を指す。とくに頭部周辺へのチェックはイエローカードの対象となる。

クロスチェッキング

　ディフェンス側の選手が、オフェンス側の選手に対してチェックを行なった際、相手をスティックで押したり、スティックで押さえつけたりする行為を指す。

ファウルにはメジャーファウルとマイナーファウルのふたつがある。どういう状況でファウルになるのかを把握し、どこまでがセーフかを自分で見極められるようになろう

ディティイニング

ディフェンス側の選手が、オフェンス側の選手に対して、スティックを横にし、思い切り伸ばした状態で進路を妨害したり、頭部や首まわり約20センチの空間にスティックを出したりした時にとられる。

フリースペース・トゥ・ゴールの侵害

ボールを持ったオフェンス側の選手が15メートルラインの内側に入った時、ボールからゴールに向けて伸ばした接戦の範囲内（フリースペース・トゥ・ゴール）において、ディフェンス側の選手がオフェンス側の選手のシュートを妨害する、ほかのディフェンスの選手にシュートを打ちこんでしまう状況をつくるなどの行為は反則となる。

(1)のケースの場合、ディフェンス側の選手が単独でフリースペース・トゥ・ゴールに位置し、オフェンス側のシュートの妨げとなっているためファウルとなる。

(2)のケースの場合、ディフェンス側の選手がマークしていたノンボールキャリアがフリースペース・トゥ・ゴールから外れたあとも範囲内に残っているためファウルとなる。

(3)のケースの場合、ディフェンス側の選手はフリースペース・トゥ・ゴールの範囲内にいるが、マークをしているノンボールキャリアも範囲内にいるため、ファウルにはならない。

DF ディフェンス
NB ノンボールキャリア
BC ボールキャリア

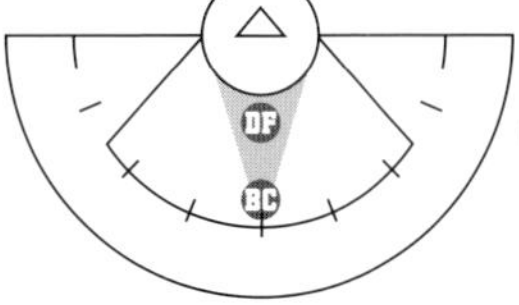

(1)
侵害になる場合

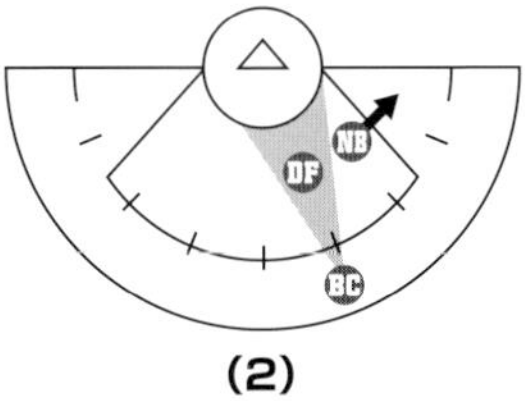

(2)
侵害になる場合

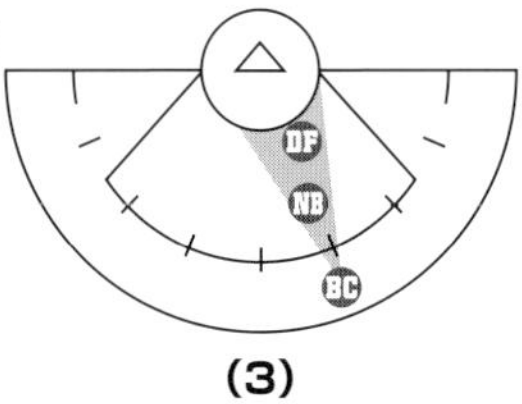

(3)
侵害にならない場合

用語解説

ア

■アウト・オブ・バウンズ
ボールが場外に出ること

■アタック
攻撃の選手。または攻撃側のチームのこと

■イエローカード
警告を示す黄色のカード

■インターセプト
相手チームのパスをカットすること

■エキストラマンアップオフェンス
ファウルにより、相手チームよりも数的に有利になった状態を指す

■エキストラマンダウンディフェンス
ファウルにより、相手チームよりも人数が少なくなった状態を指す

■オンサイド
ボールがあるサイドのこと

カ

■カット
ディフェンスを引き離すテクニック。男子の場合はゴール前に限って使われるが、女子の場合はどの位置でも用いられる

■グランドボール（ルーズボール）
地面に転がったフリーのボール

■クリアー（⇔ライド）
ディフェンス側が、自陣側からボールを敵陣側に進めること

■クリース
ゴールサークル

■グリーンカード
チーム全体への警告を示す緑色のカード

■クレードル
ボールを落とさないようにスティックを揺らして遠心力をかけながらボールを運ぶ技術

■ゴーリー
ゴールキーパー

サ

■サドンビクトリー
同点で終了した試合の2度目の延長戦から採用され、先に得点を決めたチームの勝ちとなる

■3秒
アタックをマークしていないディフェンスは、3秒間のみマーキングエリア内にいることを許される。この時間を超過すると、メジャーファウルとなる

■スイッチ
マークをほかのディフェンスと替わること

■スタンド
審判が笛を吹いて試合が中断された際、その場で静止すること

■スティック（=クロス）
選手がボールを運ぶ時に用いられる道具

■スライド
敵の突破に対し、他のディフェンダーがカバーすること

■スロー
両チームともポゼッション権（ボールを保持している状態）がない状態で、審判がボールを投げてリスタートすること

■センターサークル
フィールドの中央に引かれた半径9メートルの円。ここでフェイスオフとドローを行なう

タ

■ダッジ
フェイントをかけて相手ディフェンスを抜かすテクニック

用語解説

■チェック
スティックで相手のスティックをたたくこと

■ディフェンス
守備側の選手の総称。及び防御側のチーム

■テクニカルファウル
男子ラクロスにおける軽度のファウル

■ドライブ
ボールを持ってゴールに向かうこと

■ドロー
女子ラクロスで、試合開始、または試合再開時に行なわれる。バスケットボールのジャンプボールにあたる、試合を始めるためのプレー

ハ

■パーソナルファウル
男子ラクロスにおける重度のファウル

■ピック
味方プレーヤーをフリーにするため、壁となって相手ディフェンスの動きを妨げること

■フィード
味方にパスを出す動き

■フェイスオフ
男子ラクロスで、試合開始、または再開時に行なわれる

■フリーシュート
（11mラインからのフリーポジション）
相手ディフェンスが11メートルライン内でメジャーファウルを起こした（フリー・スペース・トゥ・ゴールを侵害した）場合、ファウルを受けた選手は11メートルラインからフリーの状態でシュートを打つ権利が与えられる

■フリーポジション
反則に対するペナルティで、反則を犯した選手は、フリーポジションが与えられた選手から4メートル後方に離される

■ヘッド
スティックの先につけられたフレーム部分

■ポケット
ヘッドの網でつくられた、ボールを納める部分

マ

■マイナーファウル
女子ラクロスで、メジャーファウル以外のファウル（軽度のファウル）

■ミッドフィルダー
中盤における攻守の要

■ミート
男子ラクロスにおいて角度に関係なくボールを受けにいく行為を指す。女子ラクロスでは、ボールに向かって受けにいく行為を指す

■メジャーファウル
女子ラクロスで、相手の体に危険をおよぼす可能性のあるファウル

ラ

■レッドカード
退場を示す赤色のカード

あとがき

私は、ラクロスを始めて今年で18年目になります。これまでに、全日本選手権で８回の優勝を経験したほか、1998年、2002年、2006年、2010年には日本代表として４回ワールドカップに参加し、2010年の大会では４位入賞を果たすことができました。また、2002年にはアメリカのメジャーリーグ・ラクロスのチーム、ボルチモアベイホークスから日本人で初めてドラフト指名され、そして2007年には北米インドアプロラクロスリーグのカルガリーラフネックスから、同じく日本人として初めてスカウトされました。

そんな私が初めてラクロスと出会ったのは、大学に入学してからのことです。入学後に初めてできた友人がたまたまラクロスサークルに入部しており、そのキャッチボールの相手をしたというのが始まりです。その時、サークルの先輩から「ラクロスは大学から始める人がほとんどで、みんなスタートラインが一緒。だからがんばれば日本代表にもなれる」と言われ、入部を決意したのです。それからは日本代表になるという目標を掲げ、ラクロスに取り組みました。

入部した当初、チームは関東学生リーグの３部に所属し、リーグでも一番弱いぐらいでしたが、チームみんなで奮起し、大学３年次には１部に昇格。私自身は、４年次の関東学生リーグで得点王になることができました。３年次の冬に行なわれた、1998年の日本代表の選考会では落選してしまいましたが、諦めきれなかった私は、関東強化選手の練習に参加できるよう直訴しました。そして４年次の夏に、強化選手のコーチからの推薦を頂き、日本代表になることができました。大学入学時にラクロス未経験だった私でも、日本代表の選手になることができたのです。

日本代表になるという目標から始まったラクロスの競技人生。現在は世界一になることを目標に掲げ、ラクロス漬けの日々を送っています。

ラクロスと出会ったことで、日本中に多くの友人ができ、海外での生活を経験したことで、多くの国に友人をつくることができました。そしてワールドカップや国際親善試合、国際交流などを通じて、多くのことを学び、人間的にも大きく成長することができたのではないかと自負しています。また、2010年のワールドカップで世界４位という成績を残すことができ「やりたいことをやり抜きなさい」とラクロス漬けの生活を応援してくれた父にも、最高の報告と最後の親孝行ができたと思っています。今さらながら、ラクロスを初めてよかったと思う昨今です。

これからラクロスを始めるみなさんにも、ラクロスという競技を通じて多くのことを学び、日本代表になるという目標を掲げ、がんばって頂きたいと思います。

この本の発行に当たり、ご協力してくださいました関係者のみなさまに感謝申し上げます。そしてこの本を機に、多くのみなさまにラクロスという競技を知って頂き、なお一層愛して頂けることを願っております。

丸山伸也

■監修者プロフィール

大久保 宜浩(おおくぼ・よしひろ)

1968年生まれ。1986年、慶應義塾大学入学時に日本にラクロスを導入する。2000年から慶應義塾大学女子ラクロス部監督を務め、後進の指導にあたる。

■MEN'S ADVISER

丸山 伸也(まるやま・しんや)

1975年生まれ。日本体育大学卒業。クラブチーム東日本チャンピオンリーグ「FALCONS」所属。全日本選手権大会で8回優勝を経験するほか、日本代表としてワールドカップに4度出場を果たす。2002年、日本人で初めてアメリカメジャーリーグ・ラクロスのボルチモアベイホークスにドラフト指名される。また2007年には北米インドア・ラクロスリーグのカルガリーラフネックスから日本人初となるスカウトを受ける。現在、日本体育大学、日本大学などで後進の指導にあたりながら、現役選手としても活躍している。

■MODEL

慶應義塾大学女子ラクロス部

撮影協力／戸花夏緒里、谷北沙尚里、佐藤由佳、谷山なつき、小嶋めぐみ、出原由佳子、小川絵里子、渡邉光里

FALCONS

写真左上から／岩切健祐、砂川裕二郎、畠山昂太、吉岡隆朗、丸山伸也
左下から／水田裕樹、継渉、佐保田裕介
その他チームメンバー／荻原史暁

■Staff

Editor　ロム・インターナショナル
Photographer　関野温
Cover Design　坂井栄一（坂井図案室）
Designer　sheets-design

■写真提供

日本ラクロス協会（撮影者：海藤秀満、鹿内英里、大木佳奈）
黒田英司

ゼロから始めるラクロス

2012年4月13日　初版第1刷発行

監修者　大《おお》久《く》保《ぼ》宜浩《よしひろ》
発行者　村山秀夫
発行所　実業之日本社
〒104-8233　東京都中央区京橋3-7-5　京橋スクエア
ホームページ　http://www.j-n.co.jp/
印刷　大日本印刷株式会社
製本　株式会社ブックアート

ISBN978-4-408-45383-5